Der Regionalpark RheinMain

Der Regionalpark RheinMain

Der Landschaft einen Sinn
Den Sinnen eine Landschaft

Umlandverband Frankfurt
Region RheinMain

Der Region eine Landschaft

Der Umlandverband Frankfurt (UVF) hat 1994 beschlossen, das Projekt Regionalpark RheinMain anzupacken. Weit über die Jahrtausendschwelle hinaus soll das Projekt die Entwicklung der Region begleiten. Das Konzept zielt darauf ab, die im engeren Verdichtungsraum zwischen den Siedlungen noch vorhandenen Freiflächen unter Berücksichtigung der notwendigen Entwicklung der Region zu sichern. Schritt für Schritt soll ein Netz aus landschaftlich reizvollen Wegen und Anlagen entstehen und zu einem attraktiven Gesamtbild zusammengeführt werden. Der Regionalpark schließt damit die Lücke zwischen dem GrünGürtel der Stadt Frankfurt und den umliegenden Naturparks. Er ermöglicht das Erleben und Wiederentdecken von Landschaft im überörtlichen Zusammenhang. Er bietet kulturhistorische, floristische, faunistische und künstlerische Identifikationselemente mit der Region. Der Regionalpark gibt der Landschaft einen Sinn und den Sinnen eine Landschaft.

Die Chance der Region

Die Region Frankfurt RheinMain, die mit anderen, viel größeren Regionen konkurriert, muß sich des Vorteils bewußt werden – und ihn nutzen –, daß bis in den Kern des Verdichtungsraumes hinein Freiflächen als regionale Grünzüge erhalten werden konnten. Es kommt darauf an, diese Freiflächen nicht nur passiv zu schützen, sondern aktiv zu entwickeln und gebührend zur Geltung zu bringen. Die besondere Chance dieser Region liegt in der Kombination von Großstadt und Skyline einerseits mit dem Charme und den Ressourcen der vielen kleineren Städte und Städtchen – und der noch allgegenwärtigen Landschaft, in die das Ganze einzubetten ist. Der Regionalpark ist das Instrument, um Landschaft nach diesem Leitbild zu entwickeln und ihren Wert im Bewußtsein der Menschen zu verankern.

Interessen verknüpfen

Es geht um die Bedürfnisse der erholungsuchenden Städter, für die neue Erlebnisräume und alte

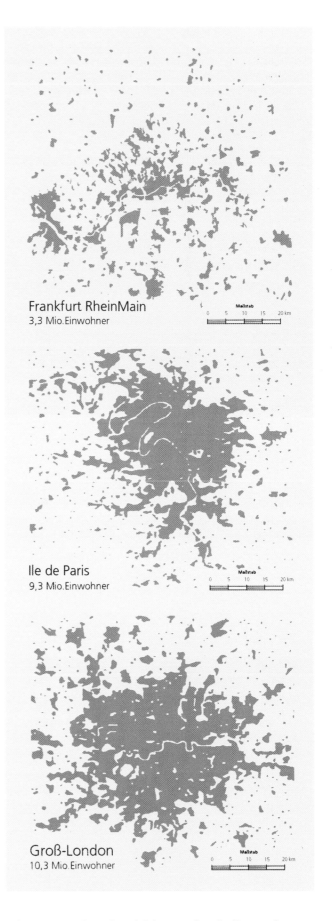

Frankfurt RheinMain
3,3 Mio. Einwohner

Ile de Paris
9,3 Mio. Einwohner

Groß-London
10,3 Mio. Einwohner

Die Karten zeigen im gleichen Maßstab die Kernbereiche der drei Ballungsräume und die entsprechende Bevölkerungszahl. Anders als in Paris/Ile de France und Groß-London reichen in der Region Frankfurt RheinMain die Freiflächen bis in den Kern.

Regionalpark RheinMain

Rüsselsheim

Regionalpark RheinMain
SÜDWEST GmbH

Regionalpark RheinMain

Der Regionalpark durchzieht die Freiflächen der Regionalen Grünzüge der Region RheinMain und bildet ein Netz, das den Main als eine seiner Hauptachsen einbezieht sowie die Freiräume verbindet. Grundelement des Regionalparks ist ein gestalteter Weg, gesäumt von Wiesenstreifen, begleitet von Pflanzungen, markiert durch Plätze, Aussichtspunkte, Haine, Gärten, Obstwiesen und naturnahe Bereiche. Dieses Band ist eingebettet in die umgebende, vom Menschen überformte oder natürliche Landschaft.

Der Regionalpark trägt dem steigenden Erholungsbedürfnis der Bewohner der Region Rechnung, wirkt lenkend auf die Besucherströme und verschafft den übrigen Naturräumen Schonung. Die Gestaltung des Regionalparks nimmt auf die örtliche Geschichte Bezug. Die Landwirtschaft soll Partner im Regionalpark sein. Das Kulturwissen um Landbewirtschaftung und Viehhaltung wird zusammen mit den Landwirten gepflegt werden. Wegbegleitende Pflanzungen leisten einen Beitrag zur Biotopvernetzung und bilden ein Gerüst zur sinnvollen Bündelung von Ausgleichsmaßnahmen.

Regionalpark RheinMain in Rüsselsheim

Seit März 1997 befaßt sich die Stadt Rüsselsheim zusammen mit dem Umlandverband Frankfurt (UVF) mit dem Thema Regionalpark. Die Stadt ist der Regionalpark RheinMain SÜDWEST GmbH beigetreten, die mit Unterstützung der Flughafen Frankfurt Main AG die Realisierung beschlossener Projekte verfolgt. Die künftige Route des Regionalparkes durchzieht die Freiflächen der Stadtteile Bauschheim, Haßloch, Königstädten und Rüsselsheim.

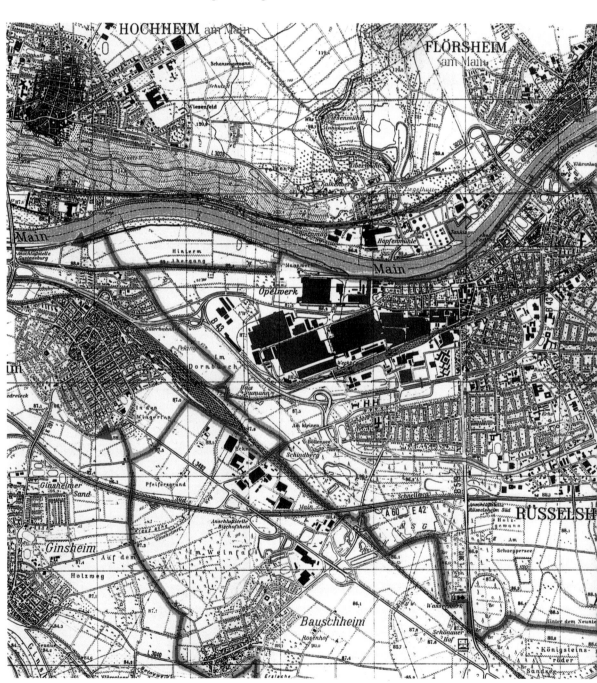

Routen des Regionalparks

Die Regionalparkroute führt vom Main zur Horlache bis nach Königstädten ins Neubaugebiet „Blauer See". Hier verzweigt sie sich: Eine Route verläuft in Richtung Osten zu den Behindertenwerkstätten, durchquert den Wald und erreicht am Schwarzbach die Gemarkung der Gemeinde Nauheim. Die andere Route durchläuft die geplante Grüne Achse zwischen dem künftigen Gewerbe- und dem geplanten Wohngebiet, quert die Felder westlich von Königstädten und bindet einen Biolandbetrieb, die frühere Opel-Rennbahn und das Wasserwerk Schönauer Hof an.

Verbindung vom Sainer zur Horlache

Von dort streift die Route das Naturschutzgebiet „Wüster Forst", folgt der Bahnlinie, bis sie den Blick auf Bischofsheim, mit einem der größten ehemaligen Güterverladebahnhöfe der Region, freigibt. Bauschheim wird über eine Achse einbezogen: die westliche Gemarkung wird mit dem Obst-Lehrgarten und dem Vogelschutzgebiet „Im Schacht" im Süden verbunden.

Da die Route am Hafen der Firma Opel endet, wird derzeit zwischen Opel und der Stadt beraten, sie dort am Kraftwerk vorbei über das Opelgelände zu führen. Dies ist eine wünschenswerte Verbindung, die den durchgängigen Weg bis zur Mainspitze und nach Mainz ermöglichte. Eine der Hauptachsen des Regionalparkes ist der Main mit den beliebten und viel aufgesuchten Mainauen. Einbezogen werden das weltbekannte Industriemuseum der Stadt Rüsselsheim und der idyllische Stadtpark.

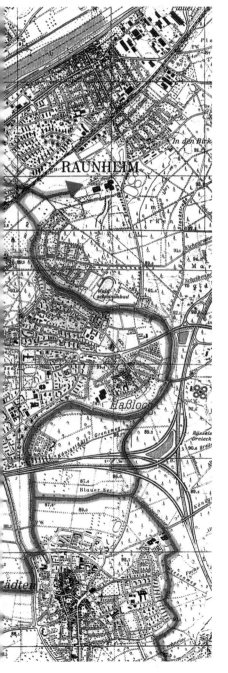

Verbindung zwischen Main und Horlache

Nach und nach werden Lücken im Routennetz geschlossen. Die Horlache durchzieht als ein grünes Band die östliche Gemarkung Rüsselsheims und wird von der Bevölkerung gerne genutzt. Allerdings fehlen Teilabschnitte, um die Verbindung zum Main und nach Süden in den Stadtteil Königstädten herzustellen.

In der Umsetzung befindet sich die Teilstrecke vom Main bis zum Horlachgraben. Sie soll als durchgängige Grünverbindung freundlich und einladend gestaltet werden. Dazu ist an der Engstelle im Bereich der Kläranlage ein Laubengang vorgesehen, im Abschnitt Sainer auf Raunheimer Gemarkung wird eine Allee mit begleitenden Wiesenstreifen gepflanzt. Fertiggestellt ist auf Rüsselsheimer Gemarkung das Verbindungsstück zwischen Bahnlinie und Becken „Null" der Horlache.

Geplante Installation von Uwe Wenzel

Industriegeschichte im Museum

Es wurde eine kleine Parkanlage in Verbindung mit dem Weg geschaffen. Das Gelände empfindet den natürlichen Verlauf eines Baches räumlich nach, indem der eine Bereich zur weichen Mulde, der andere zum leichten Hügel geformt wurde. Die Eschen auf dem begrenzend aufgeschütteten Wall zeichnen diese Bewegung in der Höhe nach. Spaziergänger, die von Raunheim kommen, können den Wellengang auch von weitem wahrnehmen.

In der Geländemitte wird eine Arbeit des Rüsselsheimer Künstlers Uwe Wenzel installiert. Diese spielt mit unserer Wahrnehmung: Stangen formen sich zum Quadrat, obwohl unterschiedlich lang und zu einem Kreis und nur in Anrissen gezeichnet.

Weitere Bauabschnitte zum Aufbau des Regionalparks werden in den kommenden Jahren folgen. Ziel ist es, ein durchgängiges Netz von gestalteten Regionalparkwegen und -anlagen in Rüsselsheim und darüber hinaus in der Region aufzubauen. In dieses Netz sollen vor allem auch die bestehenden Attraktionspunkte einbezogen werden.

Kleinode an der Mainschiene

1. Das Stadtmuseum

Ein Besuch im Stadtmuseum lohnt sich: Es ist nicht nur malerisch in der ehemaligen Rüsselsheimer Festung aufgehoben, es ist auch sehr interessant. Die Industriegeschichte bildet einen Schwerpunkt in der ständigen Ausstel-

lung. Gezeigt wird anhand der über 130jährigen Geschichte des Rüsselsheimer Opel-Werkes die bahnbrechende Darstellung des industriellen Wandlungsprozesses der Technik, der Arbeit des Menschen sowie der Kunst. Dafür wurde das Museum mit dem Museumspreis des Europarates ausgezeichnet.

2. Der Stadtpark

Freiherr von Verna legte den Park von 1850 bis 1865 im Stil eines englischen Landschaftsgartens an. Die Anlage birgt zahlreiche Attraktionen im Geiste Rousseaus „Zurück zur Natur" sowie im Geiste der Romantik: Eremitage, Tempel etc. Der Stadtpark weist Parallelen zum Park „Le Hameau" auf, den sich Marie Antoinette in Versailles errichten ließ.

Mitreden, Mitgestalten!

Wenn Sie Anregungen haben, konkrete Gestaltungselemente wünschen, Patenschaften übernehmen möchten, als Sponsor tätig werden wollen oder einfach nur diskutieren wollen, nehmen Sie bitte mit uns Verbindung auf.

Ansprechpartner:
Manfred Ockel
Geschäftsführer bei der Regionalpark RheinMain SÜDWEST GmbH
Tel.: 06142/832180
Fax: 06142/832854

Stadtpark Rüsselsheim

Impressum

Herausgeber:
Regionalpark RheinMain SÜDWEST GmbH
c/o Stadt Rüsselsheim
Marktplatz 4
65424 Rüsselsheim

Installation:
Uwe Wenzel, Rüsselsheim

Textbeiträge:
Dr. Peter Schirmbeck,
Museum der Stadt Rüsselsheim

Fotos:
Ralph Knöß
Harald Lehmann, Umwelt- und
Grünflächenamt, Rüsselsheim
Dr. Peter Schirmbeck

Digitale Bildbearbeitung:
Hermann Reising, UVF

Plan:
Rita Togba, UVF

Text & Koordination:
Beate Schwarz, UVF

Der Regionalpark RheinMain

Dietzenbach

Planungsverband Frankfurt
Region RheinMain

Der Regionalpark RheinMain

Im Regionalpark RheinMain erleben die Menschen im Verdichtungsraum Natur und Landschaft neu. Das Grundelement des Regionalparks ist ein gestalteter Weg, gesäumt von Wiesenstreifen, begleitet von breiten Pflanzungen, markiert durch Plätze, Aussichtspunkte, Haine, Gärten, Obstwiesen und naturnahe Bereiche.

Dieses Band ist eingebettet in die umgebende, von Menschen überformte oder natürliche Landschaft. Der Regionalpark trägt dem steigenden Erholungsbedürfnis der Menschen in der Region Rechnung, wirkt lenkend auf die Besucherströme und verschafft den übrigen Naturräumen Schonung. Die Gestaltung des Regionalparks nimmt auf die örtliche Geschichte Bezug. Das Projekt Regionalpark wertet die Freiflächen der Regionalen Grünzüge zwischen den Siedlungen im Verdichtungsraum Rhein-Main auf und leistet damit gleichzeitig einen Beitrag zur Sicherung dieser Freiflächen. Der Regionalpark soll das Rückgrat der Grünzüge werden. Er bildet ein Netz, das die Freiräume der Region mit dem Projekt „GrünGürtel" der Stadt Frankfurt am Main verbindet und mit dem „Grünzug vom Main zum Main" der Stadt Offenbach am Main verknüpft.

Die Landwirtschaft soll Partner im Regionalpark sein. Wegebegleitende Pflanzungen leisten einen Beitrag zur Biotopvernetzung und zur sinnvollen Bündelung von Ausgleichsmaßnahmen nach dem Naturschutzgesetz. Der Regionalpark wird vom Planungsverband Frankfurt betreut und in vielen Gemeinden Stück um Stück realisiert.

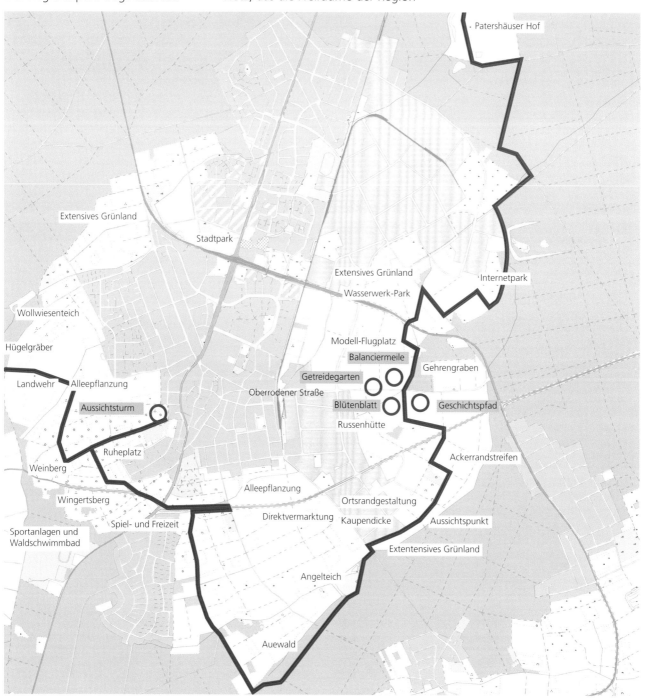

Der Regionalpark RheinMain in Dietzenbach

Rechtzeitig zum Hessentag 2001 wurden in Dietzenbach erste Teilprojekte für den Regionalpark RheinMain realisiert:

Mit dem besonders interessanten Projekt Aussichtsturm auf dem Wingertsberg wird über einen Stichweg ein wichtiger Eingang zum Regionalpark markiert.

Weitere Teilprojekte wurden im östlichen Abschnitt der Route im Bereich der Ober-Rodener-Straße fertiggestellt: der Geschichtspfad an der „Russenhütte", die „Balanciermeile" sowie die temporären Elemente „Blütenblatt" und „Getreidegarten". Diese Teilprojekte fügen sich in die Gesamtplanung für die Route ein, nach der der Regionalparkweg in einem großen Bogen um die Stadt herum führen und in den kommenden Jahren Stück um Stück realisiert werden soll.

Die Route beginnt im Westen mit dem Gestaltungsbereich der „Hügelgräber" und der „Landwehr" und gleichzeitig der Verknüpfung zur Regionalparkroute in der Nachbarstadt Dreieich.

Aussichtsturm

Am anderen Ende des Bogens im Nordosten der Stadt wird das Projekt „Internetpark" die letzte Station auf Dietzenbacher Gemarkung markieren. Die Route führt von dort weiter durch den Wald zum „Patershäuser Hof" und dem Regionalpark in der Nachbarstadt Heusenstamm.

Der Aussichtsturm auf dem Wingertsberg

Mit dem Aussichtsturm auf dem Wingertsberg ist eine kühne, 33 Meter hohe Seil-Stabkonstruktion aus Stahl entstanden, die zum Wahrzeichen Dietzenbachs werden könnte. Auf einer Spindel, um die sich die Treppe windet, sind drei Ringe angeordnet: die Aussichtsplattform auf 21 Meter Höhe, das Speichenrad vier Meter darüber – es ist Teil des Tragwerks und über acht Stahlseile mit dem Fundament verbunden, noch einmal vier Meter höher ist ein „Windrad" angeordnet. Die drei Ringe sind jeweils azentrisch übereinander gelagert.

Der Frankfurter Architekt, Professor Wolfgang Rang, hat seinem Entwurf deshalb den Namen „Ballett der Bewegungen" gegeben, wobei sich das Windrad je nach Windstärke tatsächlich bewegt. Der Aussichtsturm ist auf der höchsten natürlichen Erhebung im Kreis Offenbach, dem Wingertsberg, entstanden.

Von der Aussichtsplattform aus hat man einen großartigen Blick auf die Hessentagsstadt und weit darüber hinaus in die gesamte Region, auf die Frankfurter Hochhaustürme, den Taunus, den Odenwald. Am Fuß des Turmes befindet sich eine Gaststätte. Der Verbindungsweg zur Regionalparkroute über den Wingertsberg soll in Kürze realisiert werden.

vorgeschichtlicher Bestattungsplatz

Eisenbahnanschluß

Geschichtspfad an der Russenhütte

Die Gemeinde Dietzenbach hat sich in den letzten 50 Jahren zu einer Stadt mit 34.000 Einwohnern entwickelt.

Der nach dem Entwurf der Landschaftsarchitekten Beuerlein und Baumgartner geschaffene „Geschichtspfad" macht deutlich, daß die Dietzenbacher Gemarkung seit Jahrtausenden ein beliebter Siedlungsplatz für die Menschen ist.

An verschiedenen Stationen werden die wichtigsten Ereignisse dieser Geschichte dargestellt und mit kurzen Texten erläutert: z. B. ein vorgeschichtlicher Bestattungsplatz, der an der „Russenhütte", einer ehemaligen Ziegelei, entdeckt wurde, wird durch Urnen

Balancierbalken

und schwere Steinplatten symbolisiert; die erste urkundliche Erwähnung von „Dicenbah" um das Jahr 1220 durch ein in Stein gehauenes aufgebrochenes Ei; die Verwüstung Dietzenbachs durch Pest und Brandschatzung im 30-jährigen Krieg, durch ruinenartige Mauerreste und verkohlte Baumstämme; der Eisenbahnanschluß 1898 durch Bahngleise.

Balanciermeile

Die alte Ober-Rodener-Straße wird für den Verkehr nicht mehr gebraucht. Die Fahrbahndecke ist in Ordnung, eine große Fläche, gut geeignet für Aktivitäten wie Skaten, Street- und Prellball, Radfahren. Die Balanciermeile begleitet die Straße auf einem Abschnitt von einigen hundert Metern und soll zum Geschicklichkeitstraining für Jung und Alt einladen. Balancierbalken, Holzblöcke und Steine unterschiedlicher Höhe reihen sich aneinander. Wer es schafft, über die ganze Länge zu balancieren, ohne herunter zu fallen, ist Gewinner.

Landwirtschaft im Regionalpark

Von vielen Menschen im Rhein-Main-Gebiet wird die Landwirtschaft, das Säen, Wachsen und Ernten im Wechsel der Jahreszeiten kaum mehr wahrgenommen. In dem Projekt „gepflanztes Bild", wie auch in einem weiteren Projekt, dem „Getreidegarten", geht

es darum: zu zeigen, daß in unserer verstädterten und von Technik beherrschten Landschaft die Arbeit von Landwirten für uns wichtig ist: indem sie die Landschaft in unserer städtischen Region pflegen und Nahrungsmittel anbauen.

Das gepflanzte Bild: ein Blütenblatt

In dem gepflanzten Bild haben auf einer Fläche von etwa vier Hektar unmittelbar neben dem Gelände des Geschichtspfades auf der Südseite der alten Ober-Rodener-Straße die beiden Dietzenbacher Landwirte Heinz-Walter Scherping und Joachim Reichelt ein Blütenblatt eingesät.

Als Bildgrund dient ein Feld von blau blühenden Pflanzen mit dem Namen Bienenweide (oder auch: Phacelia). In der Landwirtschaft wird die Bienenweide üblicherweise als sogenannte Zwischenfrucht zur natürlichen Düngung zwischen dem Anbau zum Beispiel zweier Getreidearten ausgesät.

Im Falle unseres Blütenblattes stand weniger die Düngung des Bodens durch die Bienenweide, sondern ihre Farbe im Vordergrund: durch das blaue Feld der Bienenweide wird ein Eichenblatt umrahmt, das durch die entsprechend eingesäte Wiese dargestellt wird. Die Wiese wird bis auf die Blattrippen von den Landwirten regelmäßig gemäht. Die ungemähten Teile der Wiese stellen eben diese Blattrippen dar. Von einem

Getreide- und Fruchtgarten gepflanztes Blütenblatt

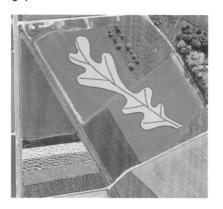

kleinen Aussichtshügel aus kann man das gesäte Bild anschauen.

Getreide- und Fruchtgarten

Im Getreide- und Fruchtgarten, der beidseits der Ober-Rodener-Straße gepflanzt wurde, werden unterschiedliche Getreide- und Fruchtarten vorgestellt, die heute von den Landwirten für die Herstellung von Lebensmitteln oder als Futter verwendet werden. Es werden auch ältere Arten gezeigt, die in früheren Zeiten eine größere Rolle gespielt haben. Vor Ort sind die einzelnen Arten durch Schilder gekennzeichnet.

Internetpark

Computer und Internet revolutionieren die Kommunikation. In einem kleinen Park, der ab Herbst 2001 als nördlicher Abschluß der Dietzenbacher Regionalparkroute entsteht, wird die Geschichte der Kommunikation von der Keilschrift der Babylonier über die Erfindung des Buchdrucks durch Johannes Gutenberg bis hin zum Internet auf Stelen dargestellt. Eine Anlage mit strengen Beeten und Wasserbecken sowie lockeren Wiesenflächen und Baumgruppen bildet den Rahmen der Präsentation. Der Internetpark entsteht aus privater Initiative auf dem Gelände der Firma Controlware. Er dient den Beschäftigten und Gästen der Firma zur Entspannung und ist gleichzeitig für die Öffentlichkeit zugänglich.

Herausgeber:
Planungsverband Frankfurt
Region RheinMain
Der Verbandsvorstand
Verbandsdirektor Faust
Am Hauptbahnhof 18
60329 Frankfurt am Main

Rückfragen bei Bürgerservice:
Telefon: 069/2577-1500
Telefax: 069/2577-1501
e-mail: info@pvfrm.de
http://www.pvfrm.de

Traditionen der Kulturlandschaft erschlossen werden. Es dient auch dem Naturschutz, wenn neue Biotope aufgebaut, mit alten verbunden und Ausgleich für Eingriffe nach dem Bau von Straßen und Baugebieten geschaffen wird. Für die Landwirtschaft ist der Regionalpark ein Beitrag zur Bündelung von Ausgleichsmaßnahmen, zur Besucherlenkung und zur Erschließung neuer Verdienstmöglichkeiten. Er trägt damit insgesamt zur Sicherung ihrer Existenz im Ballungsraum bei. Der Regionalpark ist ein wichtiges Element im Zukunftsbild für die Stadtlandschaft, zu der diese Region entwickelt werden soll. Als Teilelement verknüpft er in sich wiederum die Ansprüche von Erholung, Naturschutz und Landwirtschaft zu einem ganzheitlichen Gestaltungskonzept.

Mit den Grünzügen fing es an

Der Regionalpark setzt das vor einem Vierteljahrhundert entwickelte Konzept der Regionalen Grünzüge fort. Bereits 1972 wurde dort rechtsverbindlich festgeschrieben: »Grünzüge als Räume sind von der Bebauung freizuhalten«. Sie konnten zwar bis heute in ihrem Kern verteidigt werden, haben jedoch erheblich an naturraumtypischen Strukturen und damit an Erholungsqualität eingebüßt. Der Regionalpark soll das Rückgrat der Grünzüge werden. Eine neue Qualität von Landschaft im Kontext der »Stadtlandschaft« soll entwickelt und gleichzeitig die alte Tradition der Kulturlandschaft aufgenommen werden.

Ein Konzept, viele Projekte

Der Regionalpark RheinMain wird über eine Vielzahl von Einzelprojekten realisiert. Sie werden vom UVF als Träger des Konzeptes initiiert. In den Kommunen können zeitgleich und unabhängig Abschnitte entstehen, die erst Jahre später zu einem Netz zusammenwachsen. Die Mitwirkung der Kommunen ist freiwillig. Der UVF leistet Vorarbeiten, die in einen ersten Gestaltungsvorschlag münden. Er unterstützt den Diskussionsprozeß innerhalb der Bürgerschaft und koordiniert die Abstimmung u.a. mit der

Naturschutz- und Landwirtschaftsverwaltung. Neben den Kommunen sollen Unternehmen aus der Region als Sponsoren und Mitgestalter einzelner Projekte gewonnen werden. Denn der Regionalpark wertet die Region als Standort auf.

Ein bürgernahes Konzept

Bei der Umsetzung des Regionalparks stehen die Bürger im Mittelpunkt. Wie kein anderes Projekt in der Region wird der Regionalpark von einem intensiven Kommunikationsprozeß getragen. Je höher die Akzeptanz, desto häufiger werden einzelne Bürgerinnen und Bürger Patenschaften für Bäume oder Anpflanzungen übernehmen, Schulklassen Sukzessionsflächen betreuen oder Landwirte Obstgärten bewirtschaften. Kulturvereine und Naturschutzgruppen kümmern sich um Gestaltungselemente, die im Regionalpark für sie eingerichtet werden. Dem

Engagement sind keine Grenzen gesetzt.

Bausteine des Regionalparks

Manche Bausteine sind groß und flächig wie Streuobstwiesen, Aufforstungen, Spielwiesen. Andere sind schmal und linear ausgerichtet wie Alleen, Wege- und Ackerrandstreifen. Wieder andere sind klein und punktförmig wie Brunnen, Kreuze oder Türme. Jede Gemarkung ist durch spezifische Rahmenbedingungen geprägt. Danach werden sich die Gestaltungselemente des Regionalparks richten. In ihrer Komposition entsteht ein Gesamtbild, das mehr sein wird als nur die Summe seiner einzelnen Teile.

Bestehende Elemente nutzen ...

In den einzelnen Gemarkungen werden markante, landschaftlich reizvolle und ballungsraumtypi-

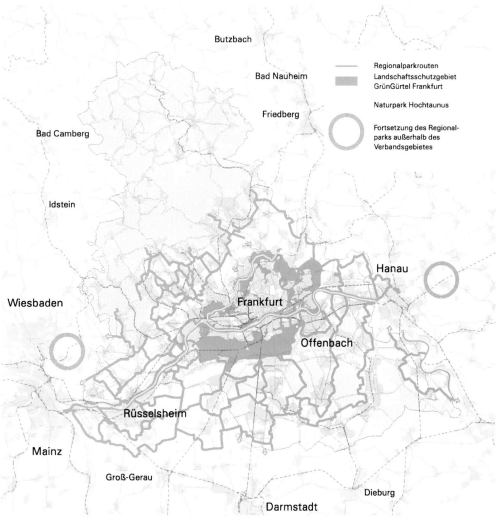

Das Netzwerk der Regionalparkrouten

© Umlandverband Frankfurt, 1999

sche Einzelelemente und Erholungswege wie z.B. Aussichtspunkte auf die Skyline Frankfurts, die Mülldeponie bei Wicker oder den Mainuferweg, aufgenommen. Anknüpfungspunkte bilden auch die »Erinnerungen« die in einer Landschaft liegen: Alte Grenzanlagen, Grabhügel, Wegenamen und -kreuze oder überwachsene Fundamente verweisen auf Bedeutungen, die wieder ans Licht gebracht werden können. Die Geschichte liefert reichlich Stoff, um Landschaft erlebbar zu machen.

... und durch neue ergänzen

Der Naturraum, seine Geschichte und die aktuellen Nutzungsansprüche bilden den Rahmen für neue Gestaltungselemente. Wo immer möglich, sind es einfache,

kostengünstige und pflegearme Elemente wie eine naturraumtypische Randstreifengestaltung oder eine wegbegleitende Komposition aus Sand-, Lehm- und Steinhügeln, die dem Spielen und der natürlichen Entwicklung überlassen wird. Jedoch gehören auch künstliche und künstlerische Elemente wie ein Rosarium, Erdskulpturen, Aussichtsplattformen, ein Nußbaumhain oder ein Spielplatz zum Repertoire.

Pilotprojekt gestartet, weitere Projekte in Gang gesetzt

In einem Pilotprojekt – in den Gemarkungen Hattersheim, Flörsheim und Hochheim – ist der Regionalpark in einem 27 km langen Abschnitt in wesentlichen Teilen realisiert und soll bis 2002 vollendet werden. Dafür wurde die Regionalpark RheinMain GmbH gegründet, mit dem

Umlandverband Frankfurt, der Gesellschaft zur Rekultivierung der Kiesgrubenlandschaft Weilbach, der die Städte Hattersheim und Flörsheim sowie der Main-Taunus-Kreis angehören, und der Stadt Hochheim als Gesellschaf-

ter. Das Land Hessen fördert das Pilotprojekt mit insgesamt 2,5 Millionen DM. Rund um den Flughafen haben zehn Kommunen und der Umlandverband Frankfurt eine weitere Initiative gestartet und eine gemeinsame Gesellschaft gegründet, die mit Unterstützung der Flughafen Frankfurt Main AG Schritt für Schritt den Regionalpark dort realisiert.

Perspektiven

Die Finanzierung des Regionalparks gelingt durch die Bündelung von Mitteln aus vielen Quellen. Einen wichtigen finanziellen Beitrag leistet der Umlandverband Frankfurt, dazu kommen die Beiträge der Kommunen, Mittel aus den Ausgleichsverpflichtungen von Investoren, Mittel von Sponsoren, Mittel aus Förderprogrammen des Landes

und des Bundes. Bei der Pflege können kostengünstige Lösungen durch die Zusammenarbeit mit den örtlichen Landwirten oder Naturschutzgruppen gefunden werden. Außerdem können Pflegemaßnahmen in Zusammenarbeit mit Beschäftigungsgesellschaften und der finanziellen Unterstützung der Arbeitsämter organisiert werden – der Regionalpark bietet ein weites Feld für Beschäftigungs- und Qualifizierungsmaßnahmen für Langzeitarbeitslose. Das Regionalparkprojekt wächst über die Grenzen seines Initiators, des Umlandverbandes Frankfurt, hinaus. Im Westen reicht die Kooperation nach Wiesbaden und zu den südmainischen Gemeinden bis zur Mündung des Maines in den Rhein. Im Osten soll die im Jahre 2002 in Hanau geplante Landesgartenschau mit dem Regionalpark verknüpft werden.

Impressum:

Herausgeber:
Umlandverband Frankfurt
Hauptabteilung Planung
Am Hauptbahnhof 18
60329 Frankfurt am Main
Telefon 0 69 / 25 77 - 15 00
Telefax 0 69 / 25 77 - 15 01

Konzept:
Leipziger & Partner UBK AG

Fotografie und Grafik:
UVF Bildarchiv

Bearbeitung der 3. Auflage:
Dr. Lorenz Rautenstrauch, UVF

Druck:
Blei & Guba
65719 Hofheim am Taunus

Der Regionalpark RheinMain

herausgegeben von Alfons Faust, Ingeborg Flagge und Thomas Rautenberg
für den Umlandverband Frankfurt

Impressum

Der Regionalpark RheinMain
herausgegeben von
Alfons Faust, Ingeborg Flagge und
Thomas Rautenberg
für den Umlandverband Frankfurt

Graphic Design:
Mildner Design Studio, Köln

Gesamtherstellung:
Kölnermedienfabrik

Verlag: Das Beispiel GmbH, Darmstadt, 2001
Alle Rechte vorbehalten.
ISBN 3-935243-05-7

Kunst im Regionalpark

Erlebnisse im Regionalpark

Visionen für den Regionalpark

Anhang

Alfons Faust
Das Regionalparkkonzept des Umlandverbandes Frankfurt am Main
Der Regionalpark RheinMain – ein Erfolg

Von den Metropolregionen gehen heute Impulse für das Wachstum der globalisierten Weltwirtschaft aus. Sie sind die Gravitationsfelder für die Neuansiedlung moderner High-Tech- und Dienstleistungsunternehmen und für den Zuzug Arbeit suchender Menschen. Die Region Frankfurt Rhein-Main gehört mit Paris/Île de France und Greater London zu den prosperierenden Ballungsräumen in Europa. Sie unterscheidet sich von diesen aber durch ausgedehnte Grünzonen zwischen den Siedlungsflächen. Diese regionalen Grünzüge bieten den Bürgerinnen und Bürgern wohnungsnahe Erholungsmöglichkeiten und sichern die ökologischen Grundlagen des Ballungsraums.
Das Konzept des Regionalparks RheinMain will diesen Vorteil der Region erhalten. Es sichert die Grünzüge in ihrem Kernbestand und verhindert dadurch das Zusammenwachsen der Städte und Gemeinden, ohne dass die sonstige positive Entwicklung der Gesamtregion dadurch beeinträchtigt wird.

Als die Gremien des Umlandverbandes Frankfurt (UVF) 1992 das Projekt „Regionalpark RheinMain" beschlossen, gab es viele Skeptiker. Auch wenn der größere Teil der Arbeit noch vor uns liegt, können wir heute aber feststellen, dass der „Regionalpark Rhein-Main" zu einem Erfolg für die Region geworden ist.

Der Regionalpark RheinMain ist heute Vorbild für andere Regionen im In- und Ausland. Ob in der Region Bodensee-Oberschwaben oder East Lancashire in England: Man schaut bei seiner Freiraumplanung nach dem, was beim UVF vorgedacht und im Pilotprojekt des Regionalparks in Flörsheim am Main, Hattersheim am Main und Hochheim am Main sowie an vielen anderen Stellen bereits umgesetzt wurde.

Darüber hinaus ist mit dem Konzept des Regionalparks eine freiwillige Zusammenarbeit zwischen den Städten und Gemeinden weit über das Gebiet des Umlandverbandes Frankfurt (UVF) hinaus entstanden, wie sie vorher kaum vorstellbar war. In einem Gebiet zwischen Wiesbaden im Westen und Hanau im Osten, zwischen Egelsbach im Süden und Friedrichsdorf im Norden wurden in einem Bereich von 40 Kommunen insgesamt 400 Kilometer Regionalparkrouten ausgearbeitet. Über 30 Städte und Gemeinden, darunter auch zahlreiche außerhalb des UVF-Gebiets, haben mit dem Umlandverband Vereinbarungen über die Umsetzung des Regionalparks abgeschlossen oder gemeinsame Gesellschaften gegründet. Und es werden immer mehr.

Schließlich ist der Regionalpark RheinMain zu einem Erfolg geworden, weil mit ihm eine Vielzahl von Zielen erreicht werden kann und gleichzeitig die Mittel, die zum Einsatz kommen können, nach den Möglichkeiten, Gegebenheiten und Wünschen vor Ort variiert werden können. So passt sich das Konzept flexibel an die örtlichen Gegebenheiten an. Das ist das eigentliche Geheimnis seines Erfolgs.

Der Regionalpark ist ein Konzept für den verstädterten Kernraum der Region. Er belegt die Regionalen Grünzüge mit Freizeitnutzen, trägt zur Entwicklung der natürlichen Lebensgrundlagen in der Region bei und schafft Attraktionen und Erlebnisse für Bürgerinnen und Bürger. So wird er im Bewusstsein der Region verankert und sichert dadurch die Grünzüge vor Bebauung.

Im Zentrum des Konzepts stehen die Regionalparkrouten. Sie markieren die Regionalen Grünzüge, die von Bebauung freigehalten werden sollen. Die Wegeführung läuft in der Regel über vorhandene Feld- und landwirtschaftliche Wege, die dort, wo sie zu schmal oder in einem schlechten Zustand sind, ausgebaut werden. Die Bepflanzung eines etwa zehn Meter breiten Saumstreifens zu beiden Seiten des Weges soll ihn als Regionalparkroute ausweisen.
Nach dem Prinzip der Perlenschnur entstehen kleinere und größere Anlagen, wo man ankommen, rasten und die Aussicht genießen kann. Eine einheitliche Beschilderung in Form von Holzstelen dient als Wegweiser und macht auf besondere Attraktionen aufmerksam.

Zu Erlebniszonen werden die Regionalparkrouten, indem die in der Landschaft vorhandenen Besonderheiten einbezogen oder neue geschaffen werden. In dieser über 2000 Jahre alten Kulturlandschaft werden die Zeugen der Vergangenheit – von vorgeschichtlichen und römischen Funden bis hin zu Überbleibseln der neueren Geschichte – sichtbar und erlebbar gemacht. Ein Rosengarten erinnert an die Tradition des früheren Rosenanbaus, ein Wachturm an alte Territorialgrenzen, alte Kalkbrennöfen an frühe Industriegeschichte. Ebenso werden Besonderheiten der Natur, zum Beispiel ein Wasserfall oder ein Feuchtbiotop, neu geschaffen oder gepflegt. Beim Einsatz der Mittel wird auf das vor Ort Vorhandene zurückgegriffen oder es werden aus der Geschichte und den vorhandenen Möglichkeiten neue, auch künstlerische Elemente gestaltet.

Blick von Kronberg auf die Frankfurter Skyline

Der Naturschutz spielt dabei eine große Rolle. Geschützte Landschaftsbestandteile und flächenhafte Naturdenkmale werden einbezogen. Traditionelle Bewirtschaftungsformen wie Streuobstwiesen werden angelegt oder wiederhergestellt. So werden Elemente des Biotopverbundsystems in die Gestaltung des Regionalparks aufgenommen und die Korridore des Regionalparks an zahlreichen Stellen für den Biotopverbund genutzt. Die Einbeziehung des Regionalparks in den naturschutzrechtlichen Eingriffsausgleich macht die Leistungen des Naturschutzes auch für die Bürger erfahrbar, die bisher nur die daraus resultierenden finanziellen Belastungen kennen.

Die Landwirtschaft profitiert vom Regionalpark, weil dieser in Verbindung mit dem Biotopverbund Zonen für Naturschutz und Freizeitnutzung festlegt. Der Regionalpark bündelt Ausgleichsmaßnahmen und will durch seine Attraktionen die Erholungsuchenden anziehen. Gleichzeitig können die örtlichen Landwirte durch Übernahme der Pflege im Regionalpark zusätzliches Einkommen erzielen.

Die Finanzierung des Regionalparks erfolgt auf drei Wegen: über öffentliche Haushalte, naturschutzrechtliche Ausgleichsmaßnahmen sowie über Sponsorengelder. Allein durch öffentliche Mittel wäre die Aufgabe nicht zu bewältigen. Die Einbeziehung von Sponsoren aus der Region stellt bürgerschaftliches Engagement und Identifikation her.

Die Entstehung des Regionalparks ist ein offener Prozess. Er wird im Austausch mit den Kommunen, den Bürgern und ihren Vereinen entwickelt. Dadurch und durch das Erleben der Region im Regionalpark wird er ein Teil des Selbstverständnisses der Bewohnerinnen und Bewohner des Ballungsraums.

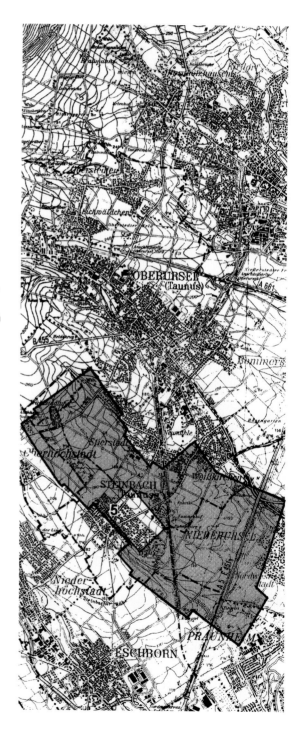

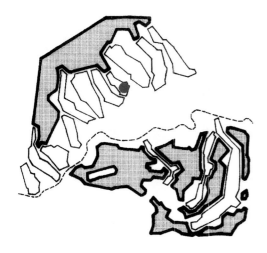

Regionalpark RheinMain – Grünzug
Steinbach-Schierstadt 5
– Grünstreifen ohne Bezug zum Siedlungsrand
– Reizlose Addition von Rechteckfeldern
– „Bauerwartungsland"-Charakter
– Isolierte Busch- und Baumstreifen

Thomas Maertens
Zum Begriff des Regionalparks
„Frankfurt Rhein-Main ist immer Liebe auf den zweiten Blick"

Vor kurzem berichtete mir Christel Karesch, eine engagierte Verfechterin des Regionalparks und hauptberuflich Leiterin der Öffentlichkeitsarbeit bei Procter & Gamble, über ihre Erfahrungen mit ausländischen Managern: „Ein Manager weint zweimal – einmal, wenn er nach Rhein-Main versetzt wird, und das zweite Mal, wenn er geht." Dadurch wird auf humorvolle Weise deutlich, welche hohe Lebensqualität die Region Rhein-Main auch in den Augen der nicht einheimischen Bewohner eben doch bietet. Insbesondere die Besucher aus den USA schätzen die schöne Landschaft mit einer funktionierenden Landwirtschaft, mit Naturschutzgebieten und naturnahen Bachauen, das reiche kulturelle Umfeld, die vielen Feste in den selbstbewussten Ortschaften mit ihren oft idyllischen Weinlagen und die Offenheit der Menschen. Die hohe kulturelle und landschaftliche Vielfalt auf kleinem Raum ist für den Besucher überraschend und wird von keinem erwartet, wenn er zum Arbeiten hierher kommt.

In der Tat, die Region wird oft als eine eher nüchterne Wirtschaftsregion beschrieben: gut für Business, aber ohne jenes Etwas, das auf den ersten Blick schon liebenswürdig ist und das man erlebt oder gesehen haben muss. Umso überraschender ist die hohe Meinung, die Besucher nach längerem Aufenthalt von dieser Region gewinnen.

Wie schnell solche Qualitäten verloren gehen können, zeigen die raumordnerischen Entwicklungen in Paris und London. Dort sind riesige Siedlungsgebiete entstanden, ohne dass sie durch Naturräume hinreichend gegliedert wären. Auch in unserer Region wird die Siedlungsentwicklung weiter zunehmen. Lagen die Ortschaften früher in der Landschaft, so ist es heute vielerorts die Stadt, die zerschnittene und verinselte Landschaft einschließt. Die Erfahrung zeigt: Regionalplanerische, landschaftsschutzrechtliche und andere Schutzkategorien wie „Regionale Grünzüge" müssen ergänzt werden, um die Freiflächen langfristig zu sichern.

Wir müssen den Wert unseres gesamten regionalen Kapitals erhalten, so Professor Christ von der Universität Weimar. Dieses Kapital besteht nicht nur aus dem Autobahnkreuz, dem Flughafen und der Europäischen Zentralbank, sondern auch aus den noch überschaubaren Stadtgrößen, der hervorragenden Ausstattung der kleinen Städte und Dörfer mit sozialer und kultureller Infrastruktur. Zu diesem Kapital sind auch die noch vorhandenen offenen Räume zu zählen. Die Chancen der Region Rhein-Main zur Entwicklung einer Landschaft mit eigenständiger Kraft sind im Vergleich mit anderen Metropolenregionen noch ungleich größer, da sich die noch vorhandenen Freiräume räumlich und linear vernetzen. Glücklicherweise unterscheiden wir uns insoweit ganz entschieden vom Ruhrgebiet und das soll auch in Zukunft so bleiben.

Den Vorteil des fremden Blicks von außen haben die in unserer Region aufgewachsenen Bürger nicht. Viele nehmen daher die Folgen der Siedlungsentwicklung kaum wahr. Die genannten Schutzkategorien bleiben abstrakt, sie tragen nicht zur Identifikation mit der Landschaft bei. Der sukzessive Schwund traditioneller Landschaftsformen – besonders gravierend ist der Verlust der früheren Ortsrandeingrünung durch Obstwiesen und der biologischen Artenvielfalt von Flora und Fauna – wird kaum als beunruhigend wahrgenommen. In seinem allmählichen Verlauf bleibt er meist unterhalb der Wahrnehmungsschwelle.

Die in unserer Dienstleistungswirtschaft durch einseitige Kopfarbeit angestaute Energie wird von Tausenden Erholungsuchenden gerne durch Raum greifende Bewegung in freier Landschaft wieder abgearbeitet, am liebsten auf dem Rad. Die Wege entlang der Flüsse, zum Beispiel an Main und Nidda, sind oft übervoll. Für Fußgänger, gerade auch mit spielenden Kindern, bleibt kein Platz mehr und es kommt oft zu gefährlichen Begegnungen. Dabei zählen besinnliche Spaziergänge in einer anmutigen Landschaft, in der sich die Seele glättet und der Alltag kurzzeitig ausgeblendet werden kann, zu den Grundbedürfnissen des Menschen. Gerade in Reaktion auf die Globalisierung der Wirtschaft und der Kulturen in den letzten Jahren hat die Sehnsucht nach Heimat, Ausdruck eines starken emotionalen Bedürfnisses, eine deutliche Renaissance erlebt. In einer schönen und attraktiven Landschaft können wir uns mit diesen Bedürfnissen wiederfinden. Unsere visuellen Massenmedien, deren oft zweifelhafte Qualität langsam bewusst wird, leisten dies dagegen kaum. Nur wer sich mit einer Region positiv identifiziert und dort Heimat findet und sich der Bedeutung und des Wertes der Freiräume bewusst wird, wird sich für ihre Erhaltung engagieren.

Um einem Missverständnis vorzubeugen: Der Regionalpark will die Landschaft zwischen den Städten nicht landschaftsarchitektonisch überplanen, um eine große Parkanlage zu schaffen!

Vielmehr wird durch den Regionalpark RheinMain die vorhandene Landschaft als Erholungs- und Erlebnisraum für den Menschen und als Naturraum betont und aufgewertet und für die Bürger als eine Abfolge verschiedenartiger, Erholung bietender Landschaften erlebbar. Diesem Ziel dient die gartenkünstlerische Gestaltung des Regionalparkwegs. Mit seinen Alleen, beidseitigen zehn Meter breiten Wiesenstreifen und gestalteten Einzelelementen bildet er – wie Fachleute dies gerne ausdrücken – das Grundnetz, in das die landwirtschaftlichen Flächen, die Naturschutzgebiete, die Gewässer „eingehängt" sind. Am Weg gelegene Parkanlagen, Erholungseinrichtungen und Ausflugsziele werden ebenfalls einbezogen. Er durchzieht die Landschaft, und indem er den Freizeitverkehr bündelt, trägt er zur Beruhigung wenig belastbarer Natur-

Kriegergedächtniskapelle, Flörsheim (links)

Blick ins Wickerbachtal,
Flörsheim (unten)

räume bei. Die bestehenden Siedlungen werden von diesem Wegenetz umrahmt. Eine besonders gestaltete „Regionalpark-Stele" leitet die Besucher. Sie ist übrigens identisch mit der „GrünGürtel-Stele" der Stadt Frankfurt am Main und betont damit die Zusammengehörigkeit beider Projekte. Insgesamt ergibt sich so ein Wegenetz von zirka 400 Kilometern Länge, durch das die Landschaft als Park in ihrem Charakter betont und erlebbar wird. Das Netz erstreckt sich von den Naturparken, vom Hessischen Ried, vom Rheingau und vom Kinzigtal bis zum Stadtrand von Frankfurt. Räumlicher Mittelpunkt des Ganzen ist der GrünGürtel Frankfurt.

Solche großen Räume brauchen Orientierungszeichen. Von ferne wahrnehmbare Bauten, auch Kunst-

objekte sowie Landmarken (Stangenpyramide/Dreieich) oder Türme (Dietzenbach, Flörsheim) bieten den Besuchern attraktive Ausflugsziele. Die Landschaft ist damit nicht mehr nur Raum zwischen den Städten, sondern wird zu einer polyzentrischen Parklandschaft neuen Typs. Dabei ist sich dieses Projekt der grundsätzlichen Schwierigkeit des Balanceakts zwischen dem Gestalten der Landschaft und der Betonung ihres gewachsenen Charakters sehr genau bewusst.

Der Regionalpark wird insgesamt das Regionalbewusstsein und das Bild von der Region Rhein-Main verbessern, sowohl das Fremdbild der Besucher als auch die Einschätzung durch ihre Bewohner selbst. Eine Liebe auf den ersten Blick zu werden wäre für die Region Frankfurt Rhein-Main ein gutes Ziel.

Ingeborg Flagge
Neu vor Ort

Wer wie ich erst vier Monate in Frankfurt wohnt und in dieser Zeit hauptsächlich gearbeitet und kaum gewohnt hat, der kann noch kein fundiertes Urteil über seine neue Heimat haben. Mein Bild von Frankfurt besteht insofern noch aus Vor-Urteilen, aus vorläufigen Einschätzungen, die sich im Laufe der nächsten Monate und Jahre hoffentlich zu wirklichen Urteilen wandeln werden, die dann mehr sind als Impressionen, Eindrücke und erste Bilder.

Andererseits hat der Blick der gerade erst Angekommenen vermutlich auch eine Schärfe, die denjenigen verloren geht, die schon lange in Frankfurt sind, die sich eingerichtet und eingenistet haben. Wer von außen kommt, sieht anders, nimmt stärker Widersprüche wahr und benennt sie auch, weil der Grauschleier des Alltags und der etablierten Vorlieben die Sinne noch nicht auf das Einrichten im Hier und Jetzt eingefärbt hat. Nach vier Monaten des Hierseins und des Arbeitens bin ich noch keine Frankfurterin, ich bin noch nicht richtig angekommen, ich treffe erst nach und nach ein.

Frankfurt ist ... überraschend, um das Mindeste zu sagen. Es ist sehr viel kleiner, als sein Image von außen vermuten lässt, kleiner im physischen Sinne, aber auch im Bewusstsein seiner Bürger. Wer nicht in Frankfurt wohnt, der denkt bei der Erwähnung der Stadt an Mainhattan, an eine von Hochhäusern bestimmte Stadt. Diese Hochhäuser gibt es zweifelsohne, sie prägen auch die Skyline. Aber wer vier Monate vom anderen Mainufer auf diese hohen Häuser geschaut hat, merkt recht schnell, dass sie ziemlich vereinzelte Vorkommnisse sind. Sie sind keineswegs der Wald von Wolkenkratzern, den ich im Kopfe hatte, bevor ich hier ankam.

Wer in Sachsenhausen wohnt, wohnt nicht in Frankfurt, wie ich mir habe sagen lassen und wie mir täglich wiederholt wird. Man hatte mich gewarnt, mir in Sachsenhausen eine Wohnung zu suchen. Wer hier arbeite und wohne, der käme nie nach „drüben", sprich auf das andere Mainufer und in die City. In der Tat bestätigt sich diese Einschätzung jeden Tag. Der Fluss wird als Grenze erlebt, die bewusst überschritten werden will, um in den Bankenhochhäusern Gespräche zu führen, um im Rathaus Politiker zu besuchen, um ins Theater oder in die Alte Oper zu gehen, um einige Freunde zu sehen, die im West-End leben. Umgekehrt höre ich von anderen, die auf der Cityseite Frankfurts leben, dass nur starke Versuchungen sie auf die Sachsenhausener Seite bringen, eine Herausforderung auch an die Museen, deren größerer Teil ja hier liegt.

Hüben und drüben, eine Zweiteilung der Stadt, die ich in dieser Rigorosität nur aus Berlin kenne.

Dennoch erlebe ich mich in Sachsenhausen wohnend als jemand, der im Zentrum Frankfurts wohnt. Alles, was ich als innerstädtische Infrastruktur ansehe, liegt in fußläufiger Entfernung von meiner Wohnung: zum Rathaus, ins Theater, in die Oper, in die Fußgängerzone, zum Bahnhof gehe ich weniger als zehn Minuten. So zentral habe ich nie gelebt, obwohl ich immer im Stadtzentrum gewohnt habe, in Bonn, in Köln, in Leipzig und London. In Frankfurt lebe ich zentral und gleichzeitig fast am Stadtrand, denn in fünf Minuten mit dem Auto bin ich in Offenbach, und das ist Ausland.

Frankfurt ist eine kleine Stadt, auch wenn die Stadt statistisch jedes Jahr um ein Dorf, sprich um 3000 bis 4000 neue Wohneinheiten wächst. Ihre physische Ausdehnung steht in einem diametralen Gegensatz zum Image der Stadt als Finanzmetropole, als europäischer Knotenpunkt im Flugverkehr, als bedeutender Messestandort. Frankfurt konkurriert mit New York, mit Shanghai und London, aber die Wirklichkeit bleibt hinter diesem Bild noch zurück. Die Stadtverantwortlichen müssen aufpassen, dass sich dies nicht weltweit herumspricht, oder sie müssen darin investieren, dass sich dieser Zustand ändert.

Wer in Frankfurt lebt, sieht die Stadt anders als von außen. Für ihn oder sie ist Lebensart und Lebensmittelpunkt, was von außen eine Ansammlung von Funktionen ist. Ich kenne das aus Bonn, wo ich abends vor dem Fernseher saß, die Nachrichten sah und den Sprecher sagen hörte: „Bonn steht in Verhandlungen mit Paris" oder „In Bonn geht man davon aus, dass ...". Hier war ich in Bonn, sah auf den Rhein, kannte die Stadt und gleichzeitig gab es ein anderes Bonn, ein politisches Gebilde, eine funktionale und mediale Wirklichkeit, die mit meiner Existenz in der Stadt nichts zu tun hatte, die ein Begriff, ein Label war, das auch einen weit entfernten Zustand hätte zitieren können. In Frankfurt heißt das: „In Frankfurt reagiert man auf den Einbruch in der Wall Street ..." oder „In Frankfurt geht es aufwärts nach der Feststellung, wer amerikanischer Präsident wird". Die Wirtschaftsmetropole Frankfurt mit ihren Implikationen ist für den hier Wohnenden so unwirklich, so abstrakt und so weit weg wie jedem Bundesbürger die Politik, die die Nachrichten wiedergeben als: „Berlin meint ...".

Wer an Köln denkt, dem fällt der Dom oder der Karneval ein. Bei München sieht man das Olympiagebäude oder das Hofbräuhaus vor dem geistigen Auge, Berlin entsteht im Kopf durch das Brandenburger Tor und den Reichstag. In Frankfurt fallen einem anonyme Hochhäuser ein, sonst nichts, kein historischer Bau, keine berühmte Straße, nichts, mit dem sich Emotionen und Stolz verbinden. Frankfurt bleibt auch bei angestrengtem Nachdenken ein größeres Abstraktum als andere Metropolen. Die Tatsache, dass Frankfurts bisherige Funktion als hektisches Finanz- und Verkehrszentrum durch wirkliche oder behauptete Entwicklung als Internet-Hauptstadt Deutschlands erweitert wird, verstärkt diese abgehobene Wahrnehmungsebene noch. In einer Stadt, die der Spiegel (44/2000) kürzlich als „Nabel in der Glasfaserinfrastruktur Europas" bezeichnete, lässt sich aus der Perspektive eines Menschen aus Fleisch und Blut schwer leben.

Was für die Stadt gilt, gilt verstärkt für die Region Rhein-Main. Wenn ich mit dem Auto versuche, aus Frankfurt herauszufinden, verliere ich mich regelmäßig in der Lianenlandschaft von Autobahnen. Wer seine Karten nicht im Kopf hat, kein Navigationssystem im Auto hat oder sich durch jahrelange Erfahrung auskennt, der geht im Siedlungsbrei zwischen Wiesbaden und Darmstadt abhanden. So übersichtlich dem Neuling Frankfurt als Stadt an sich ist, so unüberschaubar erscheint ihm die Region als ein Gebilde ohne Identität, ohne Charakteristika.

Es gibt kein Bild der Region. Sie ist ein Begriff, der mit Anschauung und Leben gefüllt werden muss. Sie muss erlebbar gemacht werden, Identität und Eigenart gewinnen. Die Tatsache, dass das Rhein-Main-Gebiet eine der Regionen mit den größten Entwicklungsmöglichkeiten der Welt ist, besagt für den Bürger solange wenig, wie dies nicht auch als physische Lebensqualität erfahrbar wird. Globalität, die nicht als Lokalität erlebt wird, wärmt nicht. An diesem Punkt hat Frankfurt und die Region noch vieles zu leisten.

Warum Freiflächenschutz im Rhein-Main-Gebiet

Das Konzept der Regionalen
Grünzüge wurde durch den
Regionalplan für die Region
Untermain 1968 erstmals
eingeführt. Seither sind die
Regionalen Grünzüge fester
Bestandteil aller folgenden
Regionalpläne.

REGION UNTERMAIN

10 km²

4

1

10   15 km

Bearbeitet von der Regionalen Planungsgemeinschaft Untermain / 1.1968

SIEDLUNGSSTRUKTUR

Region Untermain

Zukünftige Siedlungsbereiche

Siedlungsgebiete (Stand 1967)*

Regionale Grünzüge (von Bebauung freizuhalten)
*Stadtkreise Stand 1964

ALTERNATIVE 4

Nahschnellverkehrsnetz V-Bahn, (geplant)
                        Stadtbahn

Linien der Bundesbahn

Bundesautobahnen, Schnellstr.,(geplant)

Gewässer

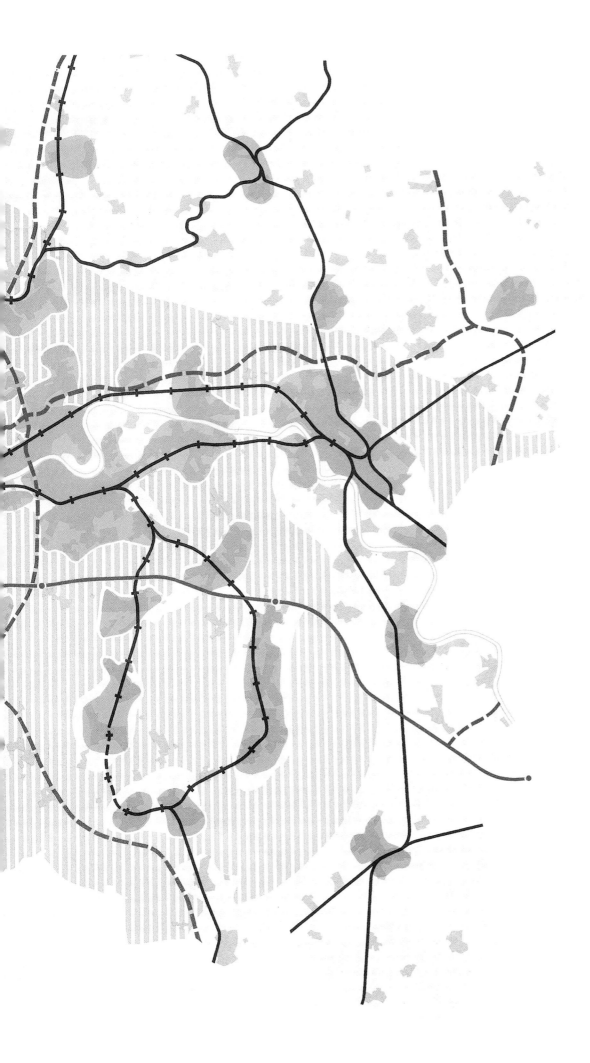

Lorenz Rautenstrauch
Kulturlandschaft und heimatliche Identität:
Der Ursprung der Regionalparkidee

Im Jahre 1990 erschien in dem Sammelband „Verdichtungsregionen im Umbruch"[1] ein Beitrag über die Entwicklungsperspektiven der Region Frankfurt Rhein-Main. Der Vorschlag, einen Regionalpark zu bauen oder genauer einen „Rhein-Main-Metropolenpark", taucht dort zum ersten Mal auf und zwar als Schlussfolgerung aus einer Analyse, in der Begriffe wie Heimatgefühle, Vertrautheit und Identität der Region eine wichtige Rolle spielen. Die Idee des Regionalparks wurde aus der Überlegung geboren, dass es für die weitere Entwicklung der Region wichtig sei jenseits der unverändert wichtigen Identität der einzelnen Städte und Gemeinden eine eigene Identität als Region zu entwickeln und dass diese Identität geeignet sei, „Heimatgefühle" zu stützen.

Die Idee des Regionalparks hat in der Folge ihre Faszination als Gegenstück und Korrektiv zu einem Bild der Region entwickelt, das von der Masse des gebauten und ingenieurtechnisch Gemachten, vom Städtischen beherrscht wird, von Häusern und Hochhäusern, von Autobahnen und Eisenbahnen, von Bahnhöfen und dem Flughafen – und Assoziationen weckt, die mit Begriffen wie Geld und Internationalität, Dynamik und Mobilität, Rationalisierung und Rationalität zu umschreiben sind. Kulturlandschaft, das klassische Gegenstück zum Städtischen, fehlt im Außenbild der Region und ist im Innenbild eher schwach entwickelt. Das ist zumindest ein Grund dafür, dass Rhein-Main kaum Assoziationen wie Natürlichkeit und Harmonie, Tradition und Gelassenheit, Anmut und Schönheit weckt – Qualitäten, die wichtig sind, wenn es um Heimat geht.

Urheimat, archetypisches Landschaftsbild und heitere Empfindungen

Es gibt eine interessante anthropologische Spekulation, die die Bedeutung der offenen Kulturlandschaft aus der Evolutionsgeschichte des Menschen heraus sehr tiefen Bewusstseinsschichten zuweist. Kulturlandschaft sei eine Art Urheimat, deren spezifische Qualität und Schönheit in einem „archetypischen Landschaftsbild"[2] fixiert sei, das alle Menschen in sich trügen. Die These beruht auf der Feststellung, dass die Wiege der Menschheit, die erste Heimat, in der die Evolution den Sprung zum homo erectus geschafft hat, in den ostafrikanischen Savannen lag – einer parkartigen Graslandschaft mit Bäumen und Buschgruppen. Weil unsere Vorfahren sehr lange und evolutionsgeschichtlich sehr erfolgreich in der tropischen Savanne lebten, könnten einige unserer gefühlsmäßigen Reaktionen auf solche Gegenden das Ergebnis der Anpassung an diese Umwelt sein. „Es hätten sich ja keine instinktiven Reaktionen auf die Schönheit der Welt entwickeln können, wenn sie insgesamt für das Überleben nachteilig gewesen wären. Reaktionen aber, die die Überlebenschancen verbessern, haben Bestand."[3]

Spuren eines solchen möglicherweise genetisch programmierten Bildes von Heimat und von der Schönheit der Landschaft finden sich in der religiösen Vorstellung vom Paradies, der Heimat, aus der die Menschen vertrieben wurden. Spuren finden sich auch im Traum von Arkadien, der schönen Landschaft schlechthin, die in der abendländischen Kulturgeschichte seit der klassischen Antike immer wieder auftaucht. Die Kunst hat diese inneren Bilder aufgenommen. Die Landschaftsmalerei hat Paradiesgärtlein, die Dichtkunst und die Malerei haben Arkadien in immer neuen Variationen beschworen, Stimmungen erzeugt, unsere Empfindsamkeit geschult, innere Bilder geprägt und gefestigt. Auch die Musik hat ihren Beitrag geleistet – Beethoven hat „das Erwachen heiterer Gefühle bei der Ankunft auf dem Lande" in der Pastorale in Töne gesetzt. Die Gartenkunst, in Europa vor allem die Gartenkunst der Engländer, zielt in ihren Parkschöpfungen darauf, Stimmungen wie Anmut, Heiterkeit und Melancholie, Wildheit, selbst Überraschung und Verwunderung zu erzeugen. In Deutschland liefern die Gartenkunst des Fürsten Franz von Anhalt in Wörlitz und von Pückler in Branitz und Muskau die klassischen Beispiele dafür, dass Kulturlandschaften voller Sentiment entworfen und realisiert wurden, wo die reale Landschaft vom idealen Bild weit entfernt war.

Kulturlandschaft für eine verstädterte Region

Das äußere Bild, das die Landschaft in der engeren heutigen Rhein-Main-Region bietet, hat wenig mit Idealbildern und heiteren Gefühlen zu tun. Es gibt kaum wirklich offene Landschaft, die Besiedlung, die Trennung durch Verkehrsbänder ist allgegenwärtig. Wo früher eine kleinbäuerliche Landwirtschaft aus ökonomischen Gründen dafür gesorgt hat, dass eine parkartige Kulturlandschaft entstanden ist, die nicht weit vom Idealbild entfernt war, hat der Rationalisierungsdruck dazu geführt, dass große Einheiten gebildet wurden und Vielfalt, Eigenheit und Anmut abgenommen haben. Dadurch gingen die emotionalen und ästhetischen Qualitäten verloren, die man sich für Heimat wünscht. Und es besteht wenig Hoffnung, dass aus der Landwirtschaft die Kraft kommen kann, diese Qualitäten wieder zu erreichen.

Ein wichtiger Schritt, der mit dem Regionalparkprojekt gemacht wird, besteht darin, dem Prozess der Degradierung von Landschaft einen Entwurf einer „Kulturlandschaft in der Stadtregion" entgegenzusetzen, der sich an den idealen inneren Bildern orientiert und dennoch an den Ort Rhein-Main, an unsere Zeit und an ihre gesellschaftlichen Bedingungen anpasst. Diese Kulturlandschaften sollen Ergebnis bewusster Gestaltung sein und in diesem Sinne sind Parks ein Korrektiv zum harten Bild der Region, das heitere und heimatliche Gefühle weckt.

Verstädterte Region bei Oberursel

Adolf Hoeffler: Kronberg vor dem Hintergrund der Mainebene

Flörsheimer Schweiz

Anmerkungen
1. Lorenz Rautenstrauch, Frankfurt und sein Umland. Planung,
Politik, Perspektiven im Bereich des Umlandverbandes Frankfurt; in:
Verdichtungsregionen im Umbruch, Baden-Baden 1990; siehe auch:
Wolfgang Christ, Büro MediaStadt, Regionalpark RheinMain;
Gutachten im Auftrag des UVF, Frankfurt 1994
2. Heinrich Spanier, Gegenseitige Bezogenheit von Natur und Kultur,
Vortrag gehalten anlässlich Tagung „Die Welt als Garten" zur
Weltausstellung in Hannover, 2000
3. John Barrow zitiert nach Heinrich Spanier a. a. O.

Alfons Faust
Der Regionalpark RheinMain – ein weicher Standortfaktor

Gleichzeitig mit dem Wort Globalisierung hat der Begriff der weichen Standortfaktoren in den wirtschaftspolitischen Diskussionen bis hin zu den Stammtischen Karriere gemacht. Die Globalisierung bezeichnet einen besonders starken Schub der Internationalisierung der Wirtschaftsbeziehungen, der durch die Fortschritte der Informationstechnologie, die Verbilligung der Transportleistungen, die Öffnung der Märkte der ehemals sozialistischen Länder sowie die Fortschritte bei der Schaffung eines einheitlichen europäischen Wirtschaftsraums und vor allem durch die Einführung der einheitlichen europäischen Währung Euro ausgelöst wurde. Diese Entwicklung hat nicht nur die Attraktivität der europäischen Märkte und Standorte für Produktion und Dienstleistungen erhöht, durch sie nutzen die Unternehmen auch einen größeren Spielraum bei der Wahl des Standorts. Dadurch können neue, in die betriebswirtschaftliche Kalkulation eingehende – und deshalb „weich" genannte – Faktoren in den Entscheidungsprozess einfließen.

Diese weichen Standortfaktoren haben mit den Freizeitmöglichkeiten und der kulturellen Infrastruktur einer Region zu tun. Sie fließen zum einen bewusst oder unbewusst in den Entscheidungsprozess mit ein. Im Wettbewerb um hoch qualifiziertes Personal können die weichen Standortfaktoren auch aus ökonomischem Kalkül berücksichtigt werden, weil für solche Mitarbeiterinnen und Mitarbeiter nicht nur das Einkommen zählt, sondern auch die in der Region um den Firmensitz erzielbare Lebensqualität entscheidend ist.

Für die Region Frankfurt Rhein-Main haben harte Standortfaktoren wie die Verkehrsinfrastruktur – vor allem Flughafen und Autobahnkreuz –, die Banken – mit der Europäischen Zentralbank und der Deutschen Bundesbank – sowie die Messe national und international eine so hohe Bekanntheit, dass sie weiche Standortfaktoren wie das reichhaltige kulturelle und das Freizeitangebot der Region in den Hintergrund treten lassen.

Der Regionalpark RheinMain setzt für das Image der Region neue Akzente. Schon im Entstehungsprozess fand er internationale Anerkennung. Durch seine Größe und Ausdehnung gestaltet der Regionalpark den Lebensraum der Region. Im Regionalpark erleben die Bewohnerinnen und Bewohner der Region diese neu. Hinzu kommt das bürgerschaftliche Engagement von Unternehmen und Vereinigungen aus der Region, die mit ihrem finanziellen Beitrag den Regionalpark ermöglichen.

Das Besondere am Regionalpark RheinMain ist nicht nur das Netz der Regionalparkrouten, das den Kernraum durchzieht und so die Vielzahl der einzelnen Kommunen zu einem Ganzen verbindet. Ebenso wichtig ist die Einbeziehung der vielfältigen Zeugen der Vergangenheit, die die historische Dimension dieser alten Kulturlandschaft deutlich machen. Künstlich geschaffene Attraktionen und Kunstobjekte im Regionalpark stellen nicht nur die Verbindung zwischen der Geschichte gewordenen Kultur und dem Hier und Heute her, sondern auch zwischen der Landschaft und der vielfältigen städtischen Museumsszene der Region.

Hochheim am Main in den Weinbergen

Heino Bornemann
Naturschutz im Ballungsraum

Der Ballungsraum Rhein-Main ist im Kernbereich auf Grund der bestehenden Belastungen und wegen der zu erwartenden dynamischen Entwicklungen im Zusammenhang mit weiterer Flächeninanspruchnahmen kaum das geeignete Gebiet für einen Naturschutz, dessen Primat in der Reservierung großer Flächen für den Schutz und die Wiederansiedlung von seltenen Arten besteht.

Aber: Das noch vorhandene Wertvolle und Besondere, das für die Landschaftsräume Charakteristische zu bewahren, ist und bleibt eine Verpflichtung für die Gesellschaft und für die im Naturschutz Tätigen. Es ist eine Verpflichtung nicht nur gegenüber Tieren, Pflanzen, sondern auch für die im Rhein-Main-Gebiet wohnende und arbeitende Bevölkerung, die sich in der Landschaft erholen will und von ihren Ressourcen lebt. Es ist hilfreich, sich den dem Naturschutz gestellten Auftrag hierfür ins Gedächtnis zu rufen: „Natur und Landschaft sind so zu schützen, zu pflegen und zu entwickeln, dass die Leistungsfähigkeit des Naturhaushalts, die Nutzungsfähigkeit der Naturgüter, die Pflanzen und Tierwelt sowie die Vielfalt, Eigenart und Schönheit von Natur und Landschaft als Lebensgrundlage des Menschen und als Voraussetzung für seine Erholung nachhaltig gesichert sind. Diese Anforderungen sind untereinander und gegen die sonstigen Anforderungen der Allgemeinheit abzuwägen" (leicht gekürzt aus § 1 Bundesnaturschutzgesetz).

Diese Auftragslage gilt auch für den Ballungsraum Rhein-Main. Im Übrigen ist der Auftrag nicht nur an die Naturschutz- und Landschaftspflegeverwaltung, sondern auch an die Städte und Gemeinden gerichtet. Sie sind über die Planungen des Umlandverbandes hinaus bei der Umsetzung der Ziele und Maßnahmen beteiligt und mitverantwortlich. Zwei Beispiele hierfür sind die kommunale Umsetzung der naturschutzrechtlichen Eingriffs-/Ausgleichsregelung und die Erholungsvorsorge für die Bevölkerung als selbstverständlicher Bestandteil der kommunalen Selbstverwaltung.

Eingedenk der bisherigen, eher bescheidenen Erfolge der Naturschutzbemühungen im Ballungsraum liegt es auf der Hand, sowohl die bisher verfolgten Zielprioritäten als auch die Umsetzungsstrategien und die angewandten Instrumente zu überprüfen. Für das Gebiet des UVF sind die abstrakten Ziele als Leitbilder für künftiges Handeln und mit einem Handlungsrahmen versehen im Landschaftsplan festgelegt worden. Das ist eine Voraussetzung für den zielgerichteten Einsatz der Naturschutzinstrumentarien und die Grundlage für die Abkehr von dem Vorrang der Reservatspolitik alten Stils und vom Zufälligkeitsprinzip bei der Durchführung von Kompensationsmaßnahmen für Eingriffe.

Für den Ballungsraum Rhein-Main bestehen die Naturschutzprioritäten darin, verbliebene Freiräume nicht nur zu sichern, sondern dahingehend zu entwickeln, dass sie ihre Funktionen für den Naturhaushalt insgesamt, für den Austausch von Arten in bisher isolierten Gebieten ebenso wie für die Erholung der Bevölkerung und die Nutzung durch die Land- und Forstwirtschaft erfüllen können.

Naturschutzfachlich stehen dabei zwei große Verbundvisionen im Vordergrund: der Biotopverbund, der vorhandene Schutzgebiete strukturell ohne zusätzliche hoheitliche Ausweisungen miteinander verbindet. Durch diese Aufhebung der Isolation der geschützten Flächen soll u. a. der Austausch von Arten und Lebensgemeinschaften gewährleistet werden. Das bedeutet nicht nur die Erweiterung der Lebensräume, sondern auch die Schaffung von Vielfalt und naturnaher Schönheit in der Landschaft.

Das kann durch Anpassung derzeitiger Bewirtschaftungsformen bis zur Umnutzung für Naturschutzzwecke oder auch durch die Wiederbelebung von eingestellten Nutzungen (zum Beispiel Streuobst) geschehen. Hier verbinden sich die Ziele des auf Biotop- und Artenschutz gerichteten Naturschutzes mit den Zielen des auf die Erholung der Menschen ausgerichteten Regionalparks RheinMain.

Der Erholungs- und Kulturverbund, der als Regionalpark der Bevölkerung Erholung durch Erleben von Kultur, Kulturlandschaft und Natur in den Landschaften zwischen den Siedlungsbereichen ermöglicht, übernimmt gleichzeitig Funktionen für den Biotopverbund. Die Ziele des Regionalparks RheinMain entsprechen in weiten Teilen den zitierten Forderungen an den Naturschutz.

Es kommt darauf an, dass die verfügbaren Instrumentarien des Naturschutzes von allen Beteiligten auf die Realisierung der Verbünde hin fokussiert werden. Besonders wichtig ist die Schwerpunktsetzung bei der Durchführung naturschutzrechtlicher Kompensationsmaßnahmen (Ausgleich und Ersatz) durch Kommunen und Naturschutzbehörden. Wer Straßen, Bahnstrecken und Gebäude baut oder andere Eingriffe in Natur und Landschaft durchführt, muss den Verlust an Natur ausgleichen. Was vom Konto der Natur durch den Eingriff abgebucht wird, muss durch wertsteigernde Maßnahmen wieder aufgefüllt werden, damit das Konto ausgeglichen bleibt. Mit Hilfe des Systems von Ökokonten ist es möglich und für die praktische Effizienz notwendig, die im Sinne des Naturschutzes wertsteigernden Maßnahmen systematisch und kontinuierlich auf die geplanten Verbundstrukturen zu konzentrieren.

Auch bei der Durchführung von Maßnahmen zur
Landschaftspflege im Rahmen des Vertragsnatur-
schutzes werden die Prioritäten auf den geplanten
Biotopverbund gelegt, um zügig die erwünschten
Wirkungen zu erreichen. Da sich die Maßnahmen in
den meisten Fällen auf landwirtschaftlich genutzte
Flächen beziehen, ist die Zusammenarbeit mit den
Landwirten unabdingbare Voraussetzung für eine
Realisierung. Hierbei hat der Vertragsnaturschutz eine
besonders große Akzeptanz erreicht und wird künftig
noch verstärkt eingesetzt werden. Den teilnehmen-
den Landwirten werden die auf ihren Flächen zu
erreichenden Ziele vermittelt, sie „machen" Naturschutz auf ihren Flächen selbst, bekommen dafür ein
Honorar und sind an der Zielbestimmung beteiligt.

Unterstützend wirken in diesem Zusammenhang die
Änderungen der Gemeinsamen Agrarpolitik der EU,
die mit der Einführung von Agrarumweltmaßnahmen
im Rahmen der Agenda 2000 Einfluss auf eine
umwelt- und naturverträgliche Landbewirtschaftung
nimmt. Hieraus ergibt sich eine enge Verbindung
zwischen Landwirtschaft und Naturschutz, die für
einen funktionierenden Biotopverbund unverzichtbar
ist.

Mit dem Beginn der Verwirklichung des Regionalparks und des Biotopverbundes sind materielle und
funktionelle Integrationsprozesse in Gang gekommen
und Wirkungszusammenhänge entstanden, deren
Ergebnisse die scheinbare Unvereinbarkeit von Natur
schützen mit in der Landschaft wirtschaften und sich
erholen widerlegen. Mit der konstruktiven Hinwen-
dung zum Thema Erholung bei der täglichen Natur-
schutzarbeit, der stärkeren integrativen Zusammenarbeit mit den Beteiligten, den Betroffenen und den
Kommunen sowie einer verbesserten Zielvermittlung
kann der Naturschutz zum wirkungsvollen Bünd-
nispartner bei der künftigen Gestaltung und Entwicklung der Freiräume und der Natur in der Region
Rhein-Main werden.

Kastanienallee im Mönchbruchgebiet

Mönchbruchlandschaft

Kirsten Schröder
Frische Luft im besiedelten Bereich

Die besiedelten Bereiche im Rhein-Main-Gebiet zeichnen sich im Gegensatz zum nicht bebauten Umland durch spezifische Eigenschaften aus. Hierzu gehört aus klimaökologischer Sicht vor allem die thermische Belastung. So weisen dicht bebaute Siedlungen wie Frankfurt und Offenbach zum Teil stark ausgeprägte Wärmeinseleffekte auf. Außerdem treten in den urbanen Gebieten erhöhte Luftschadstoffbelastungen auf. Das gesamte Untermaingebiet ist durch einen hohen Anteil windschwacher Wettersituationen gekennzeichnet; zum Beispiel beträgt das Jahresmittel in Offenbach zirka 60 Prozent. In diesem hohen Anteil an Fast-Windstillen (d. h. Luftbewegungen mit Windgeschwindigkeiten bis 2,0 m/s) sowie dem hohen Kfz-Aufkommen im Rhein-Main-Gebiet und einer damit verbundenen hohen Luftschadstoffbelastung liegt die schlechte Luftqualität in den dicht bebauten Innenstadtbereichen begründet.

Sowohl durch die thermische Belastung als auch durch die mit Schadstoffen belastete Luft kann die menschliche Gesundheit gefährdet werden. Infolge der besonderen klimaökologisch-lufthygienischen Belastungssituation innerhalb besiedelter Gebiete – vor allem in der Untermainebene – ist es deshalb notwendig, Maßnahmen zu ergreifen, die die Lebensqualität steigern. Gerade von Grünflächen gehen verschiedene wichtige Wohlfahrtswirkungen aus klimaökologisch-lufthygienischer Sicht aus:

– Kaltluftproduktionsflächen sowie Leitfunktion
  für Frischluft- und Kaltlufttransporte,
– Verringerung der in Städten zumeist hohen
  Lufttemperaturen,
– Erhöhung der relativen Luftfeuchtigkeit,
– Luftfilterung, d. h. Verminderung der in Städten
  auftretenden zum Teil sehr hohen Luftschadstoff-
  belastung,
– Sauerstoffproduktion

Somit tragen urbane Grünflächen in entscheidendem Maß zu einer Erhöhung der innerstädtischen Lebensqualität bei. Die Anlage sowie die Erhaltung innerstädtischer Grünzüge ist deshalb von großer Bedeutung und unterstreicht nachdrücklich die Notwendigkeit, diese durch den Regionalpark zu schützen. Die Relevanz von urbanen Grünflächen wird im Folgenden anhand des Beispiels der Limesstadt (Schwalbach) erläutert.

Von großer Wichtigkeit für den Frisch- beziehungsweise Kaltlufttransport vom Umland zur Stadt und innerhalb des Stadtgebiets ist, dass die nächtlichen Kaltluftströmungen nicht durch Hindernisse zum Erliegen kommen. Schon durch kleinere Hindernisse kann die Intensität einer Kaltluftströmung minimiert werden. Die Klimafunktionskarte visualisiert die Hinderniswirkung von Austauschbarrieren. So stellen die Siedlungsränder der Limesstadt Hindernisse dar.

Durch diese Barrierewirkung kann weniger Kaltluft von den Ausgleichsräumen in die Siedlung eindringen. Um innerhalb von Städten einen möglichst umfangreichen Frisch- beziehungsweise Kaltlufttransport zu ermöglichen, sollten Grünzüge innerhalb von Ballungszentren möglichst ringförmig mit keilförmigen Grünkorridoren untereinander verknüpft („Grünsysteme") werden und Frisch- beziehungsweise Kaltluftbahnen möglichst von Bebauung frei gehalten werden.

Kaltluft trägt zu einem thermischen Ausgleich vor allem in den Stadtgebieten bei. Hierbei ist zu beachten, dass nennenswerte Verringerungen der Lufttemperatur nur von großen, zusammenhängenden Grünflächen erzielt werden können. Die Klimatopkarte visualisiert den Zusammenhang zwischen der Flächennutzung auf der einen und der mittleren Oberflächenstrahlungstemperatur auf der anderen Seite. Während südlich und nordöstlich der Limesstadt landwirtschaftliche Nutzflächen liegen, die durch geringe Oberflächenstrahlungstemperaturen gekennzeichnet sind, weisen die Siedlungsgebiete eine heterogene Verteilung von Oberflächenstrahlungstemperaturen auf. Dies liegt zum einen in der Art der Bebauung (überwiegend lockere Bebauung) und zum anderen in dem hohen Grünflächenanteil begründet. Infolge der umfangreichen Begrünungsmaßnahmen innerhalb der Siedlung zeigt ein beachtlicher Flächenanteil auch in den bebauten Gebieten mäßige Oberflächenstrahlungstemperaturen. Lediglich im Bereich von Gebieten (vor allem Straßen), die einen sehr hohen Versiegelungsgrad aufweisen, werden mittlere Oberflächenstrahlungstemperaturen erreicht. Die Ergebnisse der Klimatopkarte zeigen, dass die Limesstadt keine signifikanten Wärmeinseleffekte aufweist und somit aus klimaökologischer Sicht als „Gunstraum" einzustufen ist.

Neben dem positiven Einfluss auf das Temperaturverhalten tragen Bäume und Sträucher zu einer merklichen Verringerung der Luftschadstoffbelastung bei. Durch sie können Staub- und Kerngehalte der Stadtluft auf ein Sechstel oder sogar ein Viertel reduziert werden. Zahlreichen Messungen zufolge beträgt der Staubgehalt über innerstädtischen Parks fünfmal und in einer baumbestandenen Allee dreimal weniger als in einer baumlosen Straße. In größeren Parkflächen wird der Staubgehalt um etwa 90 Prozent gesenkt. Ein großer Laubbaum kann in einem Jahr der Luft bis zu 1000 Kilogramm Schadstoffe entziehen (Barth 1987; Cochet 1983). Der Kartenausschnitt der Klimafunktionskarte visualisiert lediglich in einigen Bereichen der Limesstadt eine erhöhte Belastungssituation. Der überwiegende Flächenanteil ist durch eine geringe lufthygienische Belastungssituation gekennzeichnet, die neben einem geringen Kfz-Aufkommen auch aus umfangreichen Begrünungsmaßnahmen resultiert.

Orthophotokarte, Ausschnitt Schwalbach / Ts.

Literatur:

1. Wolf-Eberhard Barth: Praktischer Umwelt- und Naturschutz. Berlin 1987.

2. Hervé Cochet: Grün hilft sparen. Bonn 1983.

3. Kirsten Schröder: Öffentliche Begrünungsmaßnahmen zur ökologischen Verbesserung des Ortsteils Bauschheim (Rüsselsheim). Diplomarbeit an der Johannes Gutenberg-Universität Mainz, 1995.

4. Umlandverband Frankfurt: Umweltschutzbericht, Teil VI, Klimaschutz, Bd. 3: Die Klimafunktionskarte des Umlandverbandes Frankfurt. Frankfurt 2000

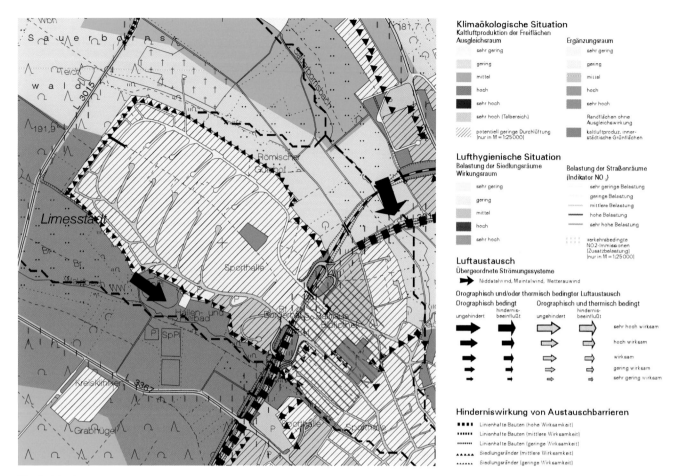

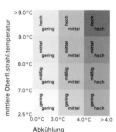

Klimafunktionskarte

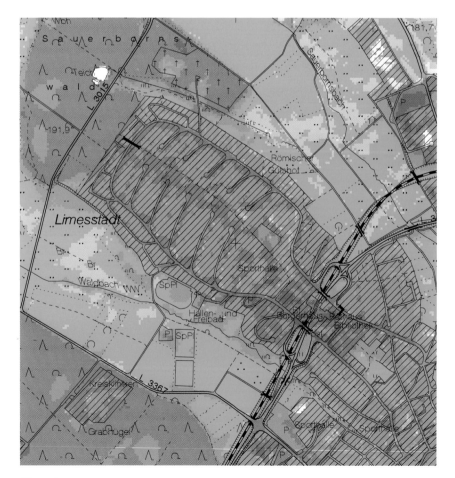

Klimatopkarte

Frankfurt RheinMain
3,3 Mio. Einwohner

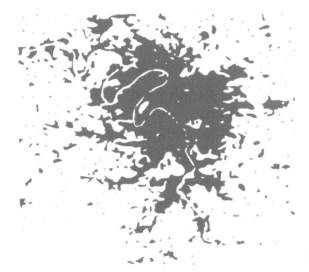

Ile de Paris
9,3 Mio. Einwohner

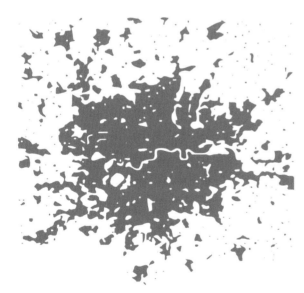

Groß London
10,3 Mio. Einwohner

Die Karten zeigen im gleichen Maßstab die Kernbereiche der drei Ballungsräume und die entsprechende Bevölkerungszahl. Anders als in Paris / Ile de France und Groß-London reichen in der Region Frankfurt RheinMain die Freiflächen bis in den Kern. Sie sind eine wichtige Voraussetzung für den Frischluft- bzw. Kaltlufttransport bis in die hochverdichteten Innenstädte von Frankfurt und Offenbach hinein.

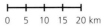

0   5   10   15   20 km

Thomas Rautenberg
Naherholung im Ballungsraum

Spätestens seit den 90er Jahren des vergangenen Jahrhunderts leben wir in Westdeutschland in einer Freizeitgesellschaft. Das trifft ganz besonders auf Dienstleistungsstandorte wie das Rhein-Main-Gebiet zu. Der Begriff von der Freizeitgesellschaft meint in seinem Kern, dass unser sozialer Status zu einem entscheidenden Teil durch das Image geprägt wird, das wir durch unsere Freizeitaktivitäten begründen. Diese Bedeutung von Freizeit ist möglich, weil unsere Gesellschaft einen materiellen Stand erreicht hat, der sowohl zeitlichen als auch finanziellen Spielraum für Freizeitaktivitäten lässt. Das Spektrum der Freizeitaktivitäten ist dabei praktisch unübersehbar: vom Bücherlesen bis zum Marathon, vom Besuch einer Spielhalle bis zur Hobby-Vogelkunde, vom Besuch eines Spiels der Eintracht Frankfurt bis zum Hindemith-Konzert in der Frankfurter Oper.

Der Regionalpark kann Beiträge nur leisten, soweit es um die naturraumbezogene Erholung geht. Auch hier ist das Spektrum immer noch sehr breit, und es wäre verkürzt, wenn man es nur als den Bau von Radwegen ansehen würde. Im Regionalpark ist Raum sowohl für den Wanderer, der einen ruhigen Spaziergang machen möchte und dabei die Kunstwerke der Bildhauer am Panoramaweg bestaunen will, ebenso wie für den Freizeitradler, der die Streuobstwiesenlandschaft des Vordertaunus erkunden will.

Es ist schwer, die Menge an Freizeitbedürfnissen im Rhein-Main-Gebiet zu messen. Doch sprechen einige Zahlen eine deutliche Sprache und bestätigen den subjektiven Eindruck, dass „draußen" einfach mehr los ist als früher. So ist die Anzahl der Reitpferde im Zeitraum von 16 Jahren um 43 Prozent gestiegen, die Bevölkerung ist praktisch flächendeckend mit Fahrrädern versorgt, in vielen Fällen gibt es zu Hause eine richtige Fahrradsammlung. Ebenso ist die immens gestiegene Zahl von Inline-Skatern aus dem Bild asphaltierter Wege in der Landschaft nicht mehr wegzudenken.

Zwar lassen sich nicht in jeder Region alle Outdoor-Freizeitbedürfnisse befriedigen, dennoch ist das Potenzial des Rhein-Main-Gebiets riesig. Die weiten Ebenen der Flusstäler lassen Spazierwege und Radfahrten praktisch für jedes Alter und jeden Trainingszustand zu. Der Naturpark Hochtaunus ist derjenige Naturpark der Republik, der am nächsten zu einem Ballungsraum liegt. Hier bieten sich Möglichkeiten für alle, die Berge, ausgedehnte Wälder und unverfälschte Kulturlandschaft erleben wollen. Die Gliederung unserer Region in Grünzüge erlaubt jedes Naturerlebnis, obwohl wir uns im Ballungsraum befinden. Die kleinteilige Nutzung unserer Landschaft als Folge der Realteilung als auch des Schutzes weiter Waldflächen, zum Beispiel des Wildbanns Dreieich, ermöglichen noch heute ein äußerst vielfältiges Naturerlebnis auf kurzer Strecke. Durch Kiesabbau sind in den letzten fünfzig Jahren so viele Baggerseen entstanden, dass genügend interessante Wassersportflächen zur Verfügung stehen.

Abgesehen vom Umlandverband Frankfurt, der diese Aufgabe bis zum 31. März 2001 hatte, gibt es keine regionale Einrichtung, die sich systematisch um die Entwicklung einer solchen Freizeitlandschaft kümmert. In wichtigen Fragen, wie beispielsweise dem Anlegen von Reitwegen, dem Bau von Radwegen über die Gemeindegrenzen hinweg, herrscht vielmehr ein Flickenteppich der Zuständigkeiten, der die Entwicklung eines regional wahrnehmbaren Profils nicht erlaubt.

Für große Teile einer regionalen Freizeitpolitik ist die Idee des Regionalparks eine Lösung, weil sie die Schaffung eines Freizeitnetzes in Rhein-Main auf die Tagesordnung setzt und Stück für Stück realisiert. Dadurch können örtliche und regionale Naherholungsangebote miteinander verbunden werden. Die Angebote werden gut angenommen, wenn sie Bestandteil der Kulturlandschaft sind, weil sie dann „selbstverstehend" sind. Nur für das Euro-Disneyland muss Werbung gemacht werden. Die Angebote zu Hause versteht jeder von selbst, wenn sie gut in den heimatlichen Raum integriert sind.

Die Verstädterung der Neuzeit hat in den 20er Jahren des vergangenen Jahrhunderts schon einmal Naherholungsmöglichkeiten geschaffen, um die Lebensbedingungen in den Städten zu verbessern. Die Volksparks in Frankfurt am Main sind durch Rad- oder Fußläufigkeit bestimmt und bilden mit dem Lohrberg, Huthpark, Ostpark und Waldstadion die ersten Regionalparks. Heute muss die raumordnerische Lösung der Naherholung darauf bedacht sein, den Freiraum zwischen den Städten als Erlebnisraum zu erhalten. Naherholung soll danach integriert mit Naturschutz und Landwirtschaft stattfinden.

Naherholung in den Mainauen

Umzäunte Parzellen als neues Landschaftsbild?

Karl-Heinz Heckelmann
Die Landwirtschaft im Regionalpark RheinMain

Die Landwirtschaft im Rhein-Main-Gebiet ist auf vielfältige Weise eng mit dem wirtschaftlichen, sozialen und umweltrelevanten Beziehungsgefüge eines Ballungsraums verknüpft. Seit den Anfängen menschlicher Besiedlung haben landwirtschaftliche Tätigkeiten das Bild der Landschaft bestimmt. Daraus sind je nach den naturräumlichen Gegebenheiten unterschiedliche, zeitlich und räumlich ineinander übergehende Kulturlandschaften entstanden, die die jeweiligen Lebensumstände der in ihnen lebenden Menschen widerspiegeln. Je nach den standörtlichen Gegebenheiten wechseln sich Ackerbau auf den guten Lößböden in der Mainniederung und im Taunus, Weinbau an den sonnigen Hängen am Tor zum Rheingau, Obstbau im Main-Taunus-Vorland sowie Viehhaltung mit der damit verbundenen Futterwirtschaft in den Mittelgebirgslagen des Taunus miteinander ab.

In den letzten Jahrzehnten war in der Landwirtschaft ein drastischer Strukturwandel zu beobachten. Die noch verbleibende Produktionsfläche wird von immer weniger Betrieben bewirtschaftet. Nur noch 0,5 Prozent aller Erwerbstätigen arbeiten heute im Ballungsraum Rhein-Main in der Land- und Forstwirtschaft; im hessischen Landesdurchschnitt sind dies immerhin noch 1,7 Prozent. Nicht zuletzt auch die mit Beginn der 90er Jahre grundlegende Veränderung der agrarpolitischen Rahmenbedingungen haben die Produktions-, Arbeits- und Wirtschaftlichkeitsverhältnisse maßgeblich beeinflusst und zu notwendigen Rationalisierungen und produktionstechnischen Anpassungen geführt. Vor dem Hintergrund eines zum Teil existenzbedrohenden Anpassungsdrucks bei der Produktion von Massengütern wie Getreide, Öl- und Eiweißpflanzen im europäischen Wettbewerb werden immer größere Ackerschläge mit schlagkräftiger Mechanisierung bewirtschaftet. Die für die Bewirtschaftung des Grünlandes maßgebliche Viehhaltung tritt zu Gunsten der wirtschaftlicheren Ackernutzung im Ballungsraum in den Hintergrund. Die Bewirtschaftung der ausgedehnten landschaftstypischen Streuobstbestände an den Südhängen des Taunus ist nahezu vollständig zum Erliegen gekommen.

Zudem sieht sich die Landwirtschaft heute mit konkurrierenden Nutzungsansprüchen einer auf Expansion von Verkehrs-, Siedlungs- und Gewerbeflächen setzenden Freiraumplanung konfrontiert, die das für sie existenziell notwendige und nicht vermehrbare Kapital Boden als Produktionsfläche für sich beansprucht. Dabei ist der Erhalt standorttypischer Kulturlandschaften einschließlich der für den Naturschutz, die Landschaftspflege und nicht zuletzt auch für die Erholung bedeutsamen nutzungsabhängigen Grünzüge und Streuobstbestände ohne eine ökonomisch orientierte landwirtschaftliche Bodennutzung und Tierhaltung nicht denkbar und gesamtgesellschaftlich nicht finanzierbar.

Die große Mehrheit der Bevölkerung eines Ballungsraums nimmt diese direkten Zusammenhänge und Abhängigkeiten von Landschaft und Landwirtschaft kaum mehr wahr. Die Verfügbarkeit offener und reich strukturierter Landschaften als das Produkt landwirtschaftlicher Erwerbstätigkeit in Vergangenheit und Gegenwart inmitten von Verkehrsadern, Siedlungen und Gewerbegebieten aber ist ein wesentlicher Bestandteil freiraumgebundener Erholung und selbstverständliches Allgemeingut.

In dem Bemühen, die Freiräume im Ballungsraum Rhein-Main dem wachsenden Erholungsbedürfnis zu erschließen und entsprechend attraktiv zu gestalten, kommt daher einer intakten und wirtschaftlich gesunden Landwirtschaft eine herausragende Bedeutung zu. Die Existenzsicherung der noch vorhandenen landwirtschaftlichen Betriebe, die ihr Einkommen durch die Produktion und Vermarktung von Nahrungsmitteln und flächenbezogenen Dienstleistungen erzielen, ist somit entscheidend für eine nachhaltige Freiraumplanung.

Die Nähe zu einem kaufkräftigen Verbrauchermarkt vor dem Hoftor bietet der Landwirtschaft im Ballungsraum hervorragende Möglichkeiten zum Ausbau alternativer, regionaler Produktions- und Absatzwege in vielen Bereichen der Pflanzen- und Tierproduktion. Auch im Ausbau des Angebots an Freizeit- und Erholungsaktivitäten durch landwirtschaftliche Betriebe wie Straußenwirtschaften, Reiten, Ferienwohnungen, Abenteuerspielplätzen und Lernbauernhöfen etc. bieten sich weitere Existenznischen.

Die Förderung solcher Entwicklungsmöglichkeiten ist neben der Nachfrage nach Dienstleistungen im Bereich der Landschaftspflege und nicht zuletzt auch der Bereitstellung beziehungsweise Berücksichtigung günstiger Standortbedingungen für die jeweils erforderlichen Betriebsentwicklungen und Produktionsbedingungen in der Landwirtschaft eine elementare Aufgabe des Regionalparks Rhein-Main, um die Kulturlandschaft für die Zukunft zu sichern.

Ackerfluren im Kreis Offenbach

Bauernmarkt Konstabler Wache in Frankfurt am Main

Verknüpfung von Regionalpark- und Freiflächenkonzepten der Kernstädte

Joachim Vandreike
Regionalpark und GrünGürtel Frankfurt

GrünGürtel Frankfurt im Regionalpark RheinMain, diese Formulierung haben die Planer von Stadt und Umlandverband Frankfurt für gemeinsame Aktivitäten in Frankfurt am Main gefunden. Salomonisch und passend. Sie erinnert allerdings ein wenig an die Benennung der Bushaltestelle vor dem Reichstagsgebäude in der Bundeshauptstadt Berlin. Nach langer Diskussion hieß sie historisch und politisch korrekt „Plenarbereich Reichstagsgebäude des Deutschen Bundestages". Bürokraten mag dies befriedigen, alltagstauglich ist diese Formulierung nicht. Die Berlinbesucher fahren weiterhin zum Reichstag und die Medien berichten wie eh und je aus dem Bundestag und jeder weiß, worum es geht.

So wird es im Bewusstsein der Erholungsuchenden weiter den GrünGürtel Frankfurt geben und der Regionalpark RheinMain wird zwischen Wiesbaden und Hanau von den Kommunen entwickelt, ohne dass der selbstverständliche Zusammenhang dieser Freiraumprojekte in Frage steht. Beide Projekte, die Ende der 80er Jahre des vergangenen Jahrhunderts einen neuen Aufschwung fanden, wurden in der Diskussion zwischen Planern und Politikern von Anfang an zusammen gedacht. Dies lässt sich sowohl dem GrünGürtel-Beschluss der Frankfurter Stadtverordnetenversammlung als auch dem Regionalparkbeschluss des Verbandstages entnehmen.

In der Sache geht es um ein schlichtes, fast selbstverständliches Anliegen, nämlich um die Sicherung und Entwicklung eines großen Natur- und Erholungsraums für die Bevölkerung von Stadt und Region. Der Erfolg dieses Vorhabens erfordert trotz des wirtschaftlichen und naturräumlichen Reichtums unserer Region einen hohen und kontinuierlichen Einsatz. Freiraumsicherung und Freiraumgestaltung bedürfen des Konsenses zwischen Stadt und Umland. Das Thema ist nicht für parteipolitische Kontroversen geeignet, denn mit den Ergebnissen in der Landschaft müssen alle leben können und wollen.

Es geht darum, den nachhaltigen Schutz der Umwelt mit der Verbesserung unserer Lebens- und Arbeitsbedingungen in der Stadt und in der Region in Einklang zu bringen. Luft- und Klimaschutz, der Schutz unserer Wasserressourcen, gleichermaßen wichtige Zukunftsaufgaben wie der Schutz der Natur und die freiraumbezogene Erholungsvorsorge können nur im regionalen Kontext weiterentwickelt werden. Wer eine attraktive Stadt will, muss eine ressourcen- und umweltschonende Stadtentwicklungspolitik betreiben. Nur so können wir unsere Lebensqualität und unser Zusammenleben in der Stadt und in der Region weiter verbessern.

Das Niveau der Gestaltung und der Nutzbarkeit unserer Freiräume ist ein ganz entscheidender Faktor für die Lebensqualität und die Integrationsfähigkeit des Rhein-Main-Gebiets. Die Schönheit der Landschaft als grüner Standortfaktor ist ein wichtiges Infrastrukturmerkmal bei der Anwerbung von hoch qualifizierten Arbeitskräften. Die freie Nutzbarkeit der Landschaft durch alle Gruppen der Bevölkerung erfüllt eine bedeutsame soziale und integrative Funktion für eine vielfältige Stadtgesellschaft.

GrünGürtel als auch Regionalpark sind für das Wohlbefinden der Bewohnerinnen und Bewohner des Rhein-Main-Gebiets von Bedeutung. Das erfordert, dass die Planungen und Realisierungen sich nicht nur an dem Anspruchsniveau der Fachöffentlichkeit, der Planergemeinde und der Verwaltungen orientieren. Die Bevölkerung muss an der Weiterentwicklung der Ideen intensiv teilnehmen, im Unterschied zu einer bloßen Beteiligung an einzelnen Planungsschritten. Auch macht es Sinn, dass Unternehmen, die in dieser Region tätig sind, in diese Diskussion mit einbezogen werden und die Umsetzung begleiten. Sie nehmen damit sowohl einen Teil ihrer Verantwortung für die nachhaltige Qualität des Standorts als auch ihres Anspruchs auf Gestaltung dieser Qualität wahr. Zukünftige und zukunftsfähige Kommunalpolitik hat ihre zentrale Aufgabe darin, diese Ziele zu kommunizieren, denn das kommunikative Potenzial von Freiraumpolitik ist noch nicht ausgeschöpft.

Die Skyline aus Hochhäusern und der
GrünGürtel bilden ein reizvolles Ambiente

Stephan Wildhirt
Regionalpark und der Grünzug vom Main zum Main in Offenbach

Das Projekt „Grünring vom Main zum Main" verfolgt die gleichen Zielsetzungen wie der Regionalpark RheinMain, bezieht sich allerdings auf einen anderen räumlichen Bereich.

Der Grünring umschließt im Westen, Süden und Osten das engere, dicht bebaute Stadtgebiet Offenbachs „vom Main" im Westen am Kaiserlei „zum Main" im Osten bei Bürgel. Er ist als Landschaftsband zu verstehen, durch das die in Richtung Main verlaufenden Talräume miteinander verbunden werden. Auch die großen Einfallstraßen sollen durch den Grünring überbrückt und die angrenzenden Stadtteile miteinander verbunden werden. Ein Fuß- und Radweg erschließt diesen Landschaftsraum. Mit dem Grünring wird eine alte Offenbacher Tradition „Grün durchwirkte Urbanität" aufgegriffen. Diese Idee reicht bis Anfang des 20. Jahrhunderts zurück, als Bürgermeister Leonhard Eißnert damit begann, einen Ring von Grünanlagen um die Innenstadt zu legen.

Das Projekt blickt auf eine längere Planungstradition zurück. Es wurde durch die nicht realisierte Straßenplanung einer Südumgehung aus den 70er Jahren möglich. Im Jahre 1987 wurde von der Offenbacher Stadtverordnetenversammlung der zukunftsweisende Beschluss gefasst, die geplante Trasse freizuhalten und sukzessive als Grünring mit Rad- und Fußwegen zu gestalten. Der entsprechende Landschaftsraum ist im Stadtgrundriss lokalisiert.

Das Ziel besteht darin, einzelne Landschaftsteile im Sinne einer Biotopvernetzung in einen Zusammenhang zu bringen und durch die Ausweisung eines Wegs für die Menschen erlebbar zu machen. Bei der Planung wird weitestgehend auf vorhandene Wege zurückgegriffen. Neue Wegeabschnitte werden nur gebaut, um die Lücken zu schließen, die eine durchgängige Benutzbarkeit verhindern. Die endgültige Wegeführung wird erst in einer weit späteren Realisierungsphase erreicht.

Im Jahre 1999 wurde der erste Teilabschnitt des Grünrings realisiert. Er umfasst die zirka 800 Meter lange Strecke zwischen Weidigweg und Senefelderstraße im Offenbacher Süden. Die Umsetzung wurde durch die finanzielle Beteiligung der Flughafen AG möglich. An weiteren Punkten wurden Baum- und Gehölzpflanzungen, Mauerbegrünungen u. a. vorgenommen.

Um den Grünring als Ganzes erfahrbar zu machen, ist eine durchgängige Beschilderung unverzichtbar. Die noch zu installierenden neuen Schilder geben Aufschluss über den Wegeverlauf. An wichtigen Punkten werden zusätzliche Orientierungstafeln montiert, die den gesamten Streckenverlauf aufzeigen.

Es liegt auf der Hand, die landschaftsräumlichen Konzepte des Regionalparks und Grünrings zu einem schlüssigen Ganzen zusammenzuführen. Wir sind sicher, dass sie sich gegenseitig bereichern und beflügeln.

Monopteros im Rumpenheimer Schlosspark (links),
Tordurchgang im Rumpenheimer Schloss (Mitte),
Rumpenheimer Schloss (rechts)

Lorenz Rautenstrauch
Strategien zur Erhaltung der Freiflächen
Grünzüge als regionalplanerisches Instrument zur Erhaltung von Freiflächen

Mit dem Regionalparkprojekt wird das Konzept der „Regionalen Grünzüge" aufgenommen. Die Grünzüge gehören zu einer über 30-jährigen Planungstradition im Rhein-Main-Gebiet. Sie bilden den Grundbestandteil bei jeder Fortschreibung der Regionalpläne. Der Hintergrund für die Einführung war das starke und bis heute andauernde Wachstum der Siedlungsflächen in der Region. Damals so wenig wie heute stand zur Diskussion, den Zuzug von Menschen, das Wachsen von Siedlungen, Wirtschaft und Wohlstand zu verhindern. Aber es war klar, dass die langfristigen Entwicklungschancen der Region nur gewahrt werden können, wenn es gelang, die Entwicklung zu kanalisieren. Die Ausweisung der regionalen Grünzüge war und ist ein wichtiger Beitrag, um dieses Ziel zu erreichen und ein zusammenhängendes System von Freiflächen zu erhalten. Im Vergleich und in der Konkurrenz mit anderen europäischen Regionen konnte sich Frankfurt Rhein-Main damit einen Vorteil erhalten. Es gilt, diesen Vorteil für die Zukunft zu wahren. Die Fixierung von Grünzügen in den Regionalplänen ist deshalb eine Strategie, die weiter verfolgt werden muss. Gleichwohl ist nicht zu übersehen, dass die Steuerungswirkung von Regionalplänen und damit auch die Wirkung der Planungskategorie Grünzug begrenzt sind. Es gilt die Beobachtung, dass Pläne, trotz ihrer theoretischen Bindungswirkung, in aller Regel nicht ohne Abstriche bei wichtigen Zielaussagen umgesetzt werden. Nachfolgend einige Hinweise, warum dies speziell bei den Grünzügen so ist.

Abstraktheit

Die regionalen Grünzüge wurden von den Regionalplanern über dreißig Jahre lang propagiert und in Plänen fixiert. Aber es ist nicht gelungen, daraus ein populäres Konzept zu machen. Es gibt nur wenige Menschen in der Region, die den Begriff „Regionale Grünzüge" kennen, geschweige denn eine konkrete Anschauung damit verbinden.

Die regionalen Grünzüge markieren Tabuflächen, also Bereiche, in denen etwas nicht geschehen soll. Die Ausgestaltung wird nicht positiv beschrieben: Wie sollen sie aussehen, wie sollen sie gestaltet sein?, sondern negativ: Wie sollen sie nicht aussehen, was soll nicht geschehen? Im konkreten Fall erleben Bürger, lokale Planung und Politik die Grünzüge als etwas Negatives. Ein Bauvorhaben, ein Bebauungsplan ist nicht möglich oder wird verzögert, weil der Grünzug dagegen steht. Planung wird als Verhinderung erlebt.

Schmale Argumentationsbasis

In der Interessenkonstellation, die für die Aufnahme und immer neue Bestätigung des Grünzugkonzepts in die Regionalpläne gesorgt hat, gibt es bislang zwei dominierende Motive: Zunächst das allgemeine Interesse der Kommunen, in einer polyzentrischen Region als einzelne Orte erkennbar zu bleiben, indem sie vom Nachbarort durch unbebautes Land geschieden sind. Neben diesem Motiv der Siedlungsgliederung durch Grünzüge war und ist das dominierende Motiv der Gedanke des Schutzes von Natur und Ressourcen. Dieses Motiv muss weiterhin eine große Rolle spielen. Aber für die langfristige Sicherung ist die Verbreiterung der Argumentationsbasis notwendig. Mit dem Regionalparkprojekt wird der Versuch gemacht, die angesprochenen Defizite im strategischen Konzept der regionalen Grünzüge durch einen ergänzenden Ansatz zu kompensieren.

Anschaulichkeit

Mit dem Regionalpark soll das Konzept der Grünzüge konkret und für jedermann anschaulich werden. Anstelle der abstrakten Signatur in einem Plan im Maßstab 1 : 100.000 steht das konkrete Erlebnis. Der Regionalpark soll das Rückgrat der Grünzüge werden. Indem man zu Fuß oder mit dem Fahrrad den Park erkundet, kann man im Idealfall ganz ohne Rückgriff auf irgendeinen Plan erleben, dass regionale Grünzüge tatsächlich ein zusammenhängendes und als solches erlebbares System bilden. Und vor allem: Die Bevölkerung erlebt die Grünzüge nicht nur als Bereiche, in denen etwas nicht geschehen darf, sondern als eine positiv gestaltete Landschaft, die für den unmittelbaren Nutzen der Bürger da ist.

Rahmensetzende Planung und aktive Entwicklung

Für das Regionalparkprojekt wird einerseits das traditionelle Instrumentarium des rahmensetzenden Plans und der dazugehörigen Aufstellungs- und Beteiligungsverfahren der Ordnungsverwaltung eingesetzt. Auf Initiative des Umlandverbandes Frankfurt wurde das Regionalparkprojekt in allen relevanten Ebenen und Plantypen der regionalen Planung eingebaut, also in den Regionalplan, den Landschaftsrahmenplan, den Landschaftsplan des UVF und womöglich auch in einzelne Bebauungspläne und Planfeststellungsverfahren für Straßen oder Schienen.

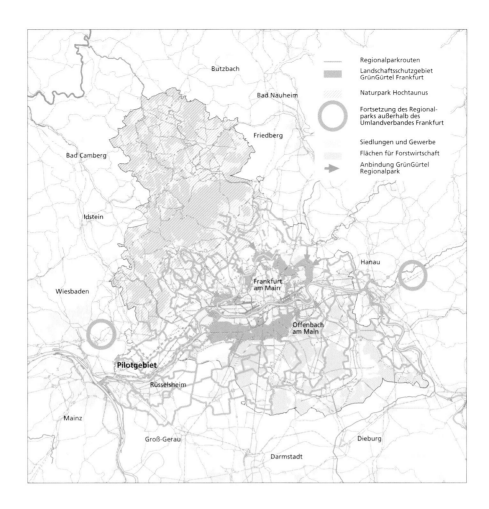

Das Regionalparkprojekt baut jedoch nicht nur darauf, dass andere Akteure in dem durch die Pläne fixierten Rahmen tätig werden. Vielmehr wird an diesem Projekt demonstriert, wie Region durch einen regionalen Akteur gestaltet werden kann, der Initiativen ergreift, Maßnahmen koordiniert und aktiv umsetzt. Den Bürgern wird durch diese Aktivitäten vorgeführt, dass Region nicht eine Sache anonymer Verwaltung ist, sondern in einem überschaubaren Zeitraum gestaltbar ist.

Das Regionalparkprojekt baut neue Allianzen für die Erhaltung und Entwicklung der Freiräume auf. Neben den Belangen des Ressourcen-/Naturschutzes werden die Belange der Erholung im Freien angesprochen. Bei einer städtischen Bevölkerung, deren Alltag durch Arbeit im Büro geprägt ist, kann man auf ein starkes Interesse an einem Angebot wie dem Regionalpark bauen. Und man kann unterstellen, dass eine Bevölkerung, die Grünzüge als Erholungsraum kennen und schätzen gelernt hat, auch ein aktives Interesse daran hat, dass diese Flächen und Anlagen erhalten bleiben. Für die Kommunen ist dieses Interesse ihrer Bürgerschaft – und zunehmend auch der Wirtschaft – an der Erholungsqualität der Landschaft ein starkes Motiv. Bürgermeister und Stadtverordnete können sich des Beifalls der Mehrheit ihrer Wähler sicher sein, wenn sie Freiräume für die Erholungsnutzung aufwerten. Dieser Beifall wird stärker, wenn die Aufwertung über die Grenzen der Stadt hinaus gedacht und praktiziert wird – als Teil eines regionalen Ganzen, das mehr ist als die Summe seiner lokalen Einzelteile.

Ausgleichsmaßnahmen zum Aufbau des Regionalparks

Das Regionalparkprojekt nutzt die vom Naturschutzgesetz vorgeschriebene Verpflichtung der Kompensation von Eingriffen in Natur und Landschaft für den Aufbau des Parks. Das Instrument dafür ist der Landschaftsplan des Umlandverbandes Frankfurt, der den Regionalpark neben dem so genannten Biotopverbundsystem als regionales Kompensationskonzept festlegt. Statt der vergleichsweise wahllosen Verteilung der Kompensationsmaßnahmen entsprechend der bisherigen Übung sollen sie nun entlang der Regionalparkrouten gebündelt werden. Der Erholung suchenden Bevölkerung wird der ökologische und ästhetische Nutzen der Kompensation damit augenscheinlich vorgeführt und gleichzeitig wird für die Landwirtschaft erreicht, dass sie auf den verbleibenden landwirtschaftlichen Flächen nicht mehr mit Ausgleichsmaßnahmen rechnen muss.

Diese Strategie ist eines der zentralen Argumente für das Projekt in vielen Debatten der kommunalen Parlamente und den Gesprächen mit den Landwirten.

Thomas Rautenberg
Das regionale Administrationsmanagement des Regionalparks

Die Idee des Regionalparks liegt quer zu klassischen Politikfeldern, örtlichen Zuständigkeiten von Behörden und berührt kommunale und staatliche sowie öffentliche und private Belange. Es liegt daher auf der Hand, dass es nicht allein von der Strahlkraft einer Idee abhängt, mit welchem Erfolg sie verwirklicht wird, sondern ebenso von den Entscheidungsstrukturen, die installiert werden können, um die unterschiedlichsten Ebenen zu überspringen.

In der Bundesrepublik sind bei vergleichbaren Projekten die unterschiedlichsten Akteure als Ideen- und Anstoßgeber aufgetreten. So ging die Initiative bei der Internationalen Bauausstellung Emscher Park vom Land Nordrhein-Westfalen, bei der Grünen Nachbarschaft Ludwigsburg von der Stadt Ludwigsburg und im Falle von Berlin-Brandenburg von der gemeinsamen Landesplanungsstelle aus. Im Falle des Rhein-Main-Gebiets trat der Umlandverband Frankfurt, eine kommunale regionale Gebietskörperschaft, als Ideen- und Anstoßgeber auf.

Mit dem von Wolfgang Christ erarbeiteten Entwurf für ein Regionalparkleitbild nahm die Idee Gestalt an, um dann weiter kommuniziert werden zu können. Der Umlandverband Frankfurt am Main konnte von Anfang an deswegen als ernst zu nehmender Initiator auftreten, weil er sowohl über die notwendigen Planungskompetenzen, nämlich Flächennutzungs- und Landschaftsplanung sowie Umsetzungskompetenzen, nämlich die Zuständigkeit für die Errichtung überörtlicher Freizeit-, Sport- und Erholungsanlagen verfügte. Auch im Vergleich mit den anderen Beispielen zeigt sich, dass nur der Fall des Kommunalverbandes Ruhrgebiet bis zum heutigen Tage als ebenso erfolgreich bezeichnet werden kann, weil er es verstanden hat, Planung und Umsetzung zu einer Einheit zu verbinden.

Um eine entscheidende strategische Weichenstellung geht es, bei der Organisation des Zusammenwirkens von Städten und Gemeinden mit der regionalen Ebene, wenn schon die planerische Initiative von der Region in unserem Fall vom Umlandverband Frankfurt kam. Aus vielerlei Gründen wäre ein Regionalpark ohne die aktive Mitwirkung der Gemeinden

nichts wert. Zunächst einmal sind die Gemeinden im Besitz notwendiger Zuständigkeiten wie der Planungshoheit und nicht zuletzt habe sie eine wichtige Rolle als Grundstückseigentümer und Betreiber vielfältiger kommunaler Einrichtungen, die zum Gelingen des Regionalparkgedankens notwendig sind. Zum anderen liegt es aber auch schon im Schutzgedanken der Idee des Regionalparks begründet, dass das Ziel eines besseren Freiflächenschutzes nur dann erreicht werden kann, wenn so breit wie möglich von unten Aktivitäten entwickelt werden, die das Erlebnis von Freiflächen zum Ziel haben.

Das Entstehen des kommunalen Engagements war ohne den Umlandverband nicht denkbar. So hat er mit seinem planerischen Know-how Routenentwürfe und Objektvorschläge für die einzelnen Städte und Gemeinden erarbeitet. In einigen Fällen wurden in dieser Phase auch externe Planungsbüros eingeschaltet.
Sobald es zu einer Abstimmung der Planungen zwischen dem Umlandverband und den Städten und Gemeinden gekommen ist, hat der Umlandverband angeboten, zwei Drittel der notwendigen Investitionen und eine komfortabel bemessene fünfjährige Anzuchtspflege zu übernehmen. Mittlerweile wurde für drei Teilregionen die Zusammenarbeit in GmbHs institutionalisiert. Im Fall der Regionalpark SÜDWEST GmbH wird das Gebiet von zehn Städten, im Fall der Regionalpark RheinMain GmbH von drei und im Fall der Regionalpark Schwalbach/Kronberg GmbH das von zwei Städten abgedeckt. Die Regionalpark Taunushang GmbH mit fünf Städten befindet sich derzeit in Gründung.

Ein Ausnahmefall stellt in diesem Zusammenhang die Kernstadt Frankfurt am Main dar, weil sie mit ihrer Anfang der 90er Jahre begonnenen, viel beachteten Grüngürtelplanung aus eigener Initiative und viel Engagement bereits ein praktisch gleiches Freiflächenschutzkonzept verfolgt, wie es der Umlandverband beabsichtigte. Auch hier zeigte sich, dass mit der seit dem Jahre 2000 durch den Umlandverband verbesserten Förderung von Grüngürtelprojekten das Projekt selbst wieder angeschoben werden konnte, nachdem in Frankfurt auf Grund anderer finanzwirt schaftlicher Prioritätensetzungen über viele Jahre kein Geld mehr für den GrünGürtel zur Verfügung gestellt wurde.

In vielfacher Hinsicht berührt das Regionalparkkonzept Zuständigkeiten und Ressourcen der Behörden des Landes Hessen. So bedürfen die einzelnen Maßnahmen der Genehmigung der Unteren Naturschutzbehörden, von denen es im Gebiet des Umlandverbandes neun verschiedene gibt. Die Landwirtschaftsverwaltungen sind ein unverzichtbarer Partner, um die Regionalparkziele realisieren zu helfen. Sowohl bei der Abstimmung der gegenseitigen planerischen Interessen als auch bei der Umsetzung von Maßnahmen, wie zum Beispiel durch Landwirte durchgeführte Pflegemaßnahmen im Regionalpark, kommt diesen Ämtern für regionale Landentwicklung und Landwirtschaft eine wichtige Bedeutung zu. Allein für das Gebiet des Umlandverbandes gibt es vier verschiedene Ämter. Ohne ein rechtzeitiges Liegenschaftsmanagement wäre eine Regionalparkplanung über kurz oder lang nicht mehr bezahlbar. Daher wäre es ein großer Gewinn, wenn die öffentlichen Grundstückseigentümer zusammenarbeiten könnten. Dabei kommt der Domänenverwaltung des Landes Hessen eine eminente Bedeutung zu. Auf Landesdienststellen kommt es schließlich an, wenn Maßnahmen aus Mitteln der Grundwasserabgabe oder der Abwasserabgabe gefördert werden sollen. Ebenso kommt das Land als originärer finanzieller Förderer des Regionalparks in Betracht: Es hat das Pilotprojekt mit 2,5 Millionen Mark gefördert.

Der Umlandverband hat in den vergangenen Jahren immer wieder darauf gedrungen, die Vielzahl der dem Land zur Verfügung stehenden Möglichkeiten und den Regionalpark RheinMain in einer gemeinsamen regionalen Organisationsform einzubringen, um effektiver und besser abgestimmt das Vorhaben zu befördern. Interessant ist an diesem Konzept, dass das Land Hessen zu diesem Zweck lediglich weitgehend vorhandene Mittel für die Förderung des Reginalparks bündeln müsste.

Es wird eine Aufgabe der Zukunft bleiben, Landes-, regionale und kommunale Interessen so miteinander zu verschweißen, dass auch das Land mit all seinen Dienststellen das Projekt aktiv nach vorne befördert. Dies ist bis heute bei einer ganzen Reihe von Unteren Naturschutzbehörden noch nicht der Fall, die weniger aktiv fördernd als eher klassisch ordnungsbehördlich handeln. Dabei läge gerade im Management der naturschutzrechtlichen Ausgleichsmaßnahmen ein erhebliches Potenzial.

Einem modernen Staatsverständnis folgend, stellt das Regionalparkprojekt keine alleinige Angelegenheit der öffentlichen Interessen dar. Private, insbesondere unternehmerische Interessen können im Regionalparkprojekt sehr gut zur Geltung gebracht werden. So können Unternehmen mit dem Sponsoring von Regionalparkprojekten klassische Imagewerbung machen oder sich der gemeinsamen Verantwortung für die Entwicklung der Stärken des Standorts Rhein-Main stellen und daher Maßnahmen fördern.

Trotz intensivster Werbemaßnahmen ist das Ergebnis des Sponsorings bis auf die überragende Ausnahme der Frankfurter Flughafen AG (FAG) noch unbefriedigend. Die Flughafen AG hat das Regionalparkprojekt in den letzten Jahren mit bisher acht Millionen Mark gefördert. Damit hat die FAG weit mehr als nur Hilfestellung geleistet. Sie hat sich damit um die Entwicklung von Freiflächen bleibende Verdienste erworben. Andere regionale Player der Wirtschaft sind bislang bei der Unterstützung des Regionalparks nicht aufgetreten. Dies ist erstaunlich, obwohl die Industrie- und Handelskammern, hessische Wirtschaftsminister als auch die Wirtschaftsinitiative Rhein-Main in einer Vielzahl von Maßnahmen bei ihren Mitgliedern für eine Unterstützung geworben haben. Umso erfreulicher ist die Unterstützung durch kleinere örtliche Unternehmen bei einzelnen konkreten Projekten. Nichtsdestotrotz ist für die Zukunft eines regionalen Managements des Regionalparks die Bearbeitung des Sponsorings ein offenes Thema, das mit Fantasie und Nachdruck weiter verfolgt werden muss.

Wilhelm Bender
Sponsoring für den Regionalpark – Das Beispiel der FAG

Umweltschutz als Unternehmensgrundsatz wurde bei der Flughafen Frankfurt/Main AG bereits zu einer Zeit festgeschrieben, in der die Bedeutung und die gesellschaftliche Relevanz dieser Entscheidung von den meisten Menschen noch nicht eingeschätzt werden konnte.

Ein beispielhaftes Umweltmanagement, das die gesamtgesellschaftliche Verantwortung gegenüber der Region und der Umwelt widerspiegelt, hat nennenswerte, Ergebnisse hervorgebracht, auf die wir mit Stolz blicken können und die uns internationale Anerkennung einbringen.

Dennoch ist uns allen bewusst, dass ein Großbetrieb wie der Frankfurter Flughafen, der eine wichtige Drehscheibenfunktion im internationalen Luftverkehr einnimmt, eine Beeinträchtigung des natürlichen Lebensraums darstellt, was uns auch zukünftig animieren wird, alle denkbaren Möglichkeiten auszuloten, um die Belastungen für Mensch und Natur so gering wie möglich zu halten und alle Potenziale einer Verbesserung auszuschöpfen. Dazu zählen der verantwortliche Umgang mit den natürlichen Ressourcen, reduzierende Maßnahmen bei den Lärm- und Schadstoffemissionen, die sowohl bei Flugzeugen als auch bei den Betriebsfahrzeugen auftreten, und eine auf Recycling und Reduzierung bedachte Abfallwirtschaft.

Damit die positiven Akzente unserer Bemühungen nicht allein auf das Areal des Flughafens beschränkt bleiben, entschied man sich im Jahr 1996, finanzielle Anreize zu schaffen, um Natur- und Umweltschutzprojekte auch in der Nachbarschaft des Flughafens finanziell zu unterstützen.

Ein ständig wachsendes Verkehrsaufkommen und die damit verbundenen wirtschaftlichen Erfolge gestatteten uns die Möglichkeit, einen Umweltfonds einzurichten, der seit 1997 jährlich mit fünf Millionen Mark ausgestattet wurde. Dieser Fonds ist eine freiwillige Leistung des Unternehmens und wird zusätzlich zu den gesetzlich vorgeschriebenen Ausgleichs- und Aufforstungsmaßnahmen, die uns für die Eingriffe in die Natur auferlegt sind, erbracht. Mit den 20 Millionen Mark, die bisher bereitgestellt wurden, konnten über 130 Projekte realisiert werden, wobei dem Regionalpark RheinMain der größte Anteil zukam.

In der Zielsetzung, die verbliebenen Grünringe in unserem dichten Siedlungsraum zu vernetzen, sehen wir einen bedeutenden Beitrag zur Erhaltung der Biotope für die nachfolgenden Generationen.

Neben den positiven Effekten für die Natur und die Umwelt profitiert auch der einzelne Bürger von dieser Idee, die eine enorme Steigerung seines Freizeit- und Erholungsangebots im Rhein-Main-Gebiet bedeutet. Besondere Bedeutung kommt diesem Projekt auch dadurch zu, dass die Städte und Gemeinden in unserer Nachbarschaft sich zusammengefunden haben, um bei der Realisierung des Regionalparks gemeinsam mitzuwirken.

Zu den „klassischen" Natur- und Umweltschutzmaßnahmen, die aus Fondsmitteln gefördert wurden, zählen die Sanierungsmaßnahmen der Streuobstbestände in Maintal und in Bergen-Enkheim sowie Begrünungs- und Aufforstungsmaßnahmen im Bereich der Forstämter Langen, Mörfelden und der Stadt Frankfurt. Projekte, die dem Schutz der wenigen noch existierenden Auwälder und der Erstellung von Pflegeplänen wie zum Beispiel im Bereich der Bulau bei Hanau sowie dem Erhalt von bedrohten Tier- und Pflanzenarten und der Biotopsicherung dienten, wurde besondere Bedeutung beigemessen. Ebenso konnten mit den Fördermitteln zahlreiche Renaturierungsmaßnahmen realisiert werden.

Nennenswert sind u. a. die Projekte im Bereich der Kinzigaue bei Hanau, der Gersprenzaue bei Groß Zimmern und der Rodau bei Obertshausen. Die Renaturierung einer Waldwiese bei Rödermark nimmt eine Sonderstellung ein, da diese Maßnahme als Pilotprojekt einzustufen ist und hier neue Ansätze des Naturschutzes verwirklicht werden.

Unter dem Oberbegriff Umweltpädagogik lässt sich ein anderes weites Spektrum unserer geleisteten Unterstützungen zusammenfassen. Fondsmittel wurden u. a. für das Einrichten von Lehrgärten an Schulen oder für die naturnahe Umgestaltung von Schulhöfen und für die Beschaffung von Lehrmitteln für den Umweltunterricht (Waldrucksack) bereitgestellt. Finanziert wurden Weiterbildungsseminare für Pädagogen wie auch naturkundliche Führungen und Informationsveranstaltungen. Zur Weiterbildung zählen u. a. auch Ausstellungen, die beispielsweise im Forstmuseum in der „Alten Fasanerie" bei Klein Auheim oder im Freilichtmuseum „Hessenpark" zu Umweltthemen erstellt werden.

Der dritte große Bereich, in dem finanzielle Hilfe geleistet wurde, kann man in die Rubrik Studien- und Forschungsvorhaben untergliedern. Ein besonders interessantes Pilotprojekt wird von der Jägergemeinschaft „St. Hubertus" aus Heusenstamm ausgeführt, die erstmalig eine ökologische Lebensraumstudie erarbeitet, um danach einen Maßnahmenkatalog mit dem Ziel erstellen zu können, die ökologische Situation in Ballungsräumen wie dem Rhein-Main-Gebiet zu verbessern.

Dem Erhalt der Biodiversität dient eine von der Johann Wolfgang Goethe-Universität Frankfurt zusammen mit der „Taunus-AG" durchgeführte Bestandsaufnahme der Taunus-Flora. Neben der Dokumentation von in ihrem Bestand gefährdeten Pflanzenarten können entsprechende Schutzmaßnahmen für die Flora eingeleitet werden.

Die Justus-Liebig-Universität Gießen untersucht das Verhalten verschiedener Vogelarten auf den Verkehrsflächen des Frankfurter Flughafens, um so neue Erkenntnisse über das Zugverhalten und der Nutzungsbeziehung bei unterschiedlichen Lebensräumen zu gewinnen.

Gefördert wurde auch der „Energietisch" in Riedstadt, dessen Ziel es war, Möglichkeiten zur Umsetzung der Agenda 21 bezüglich Reduzierung von CO_2-Emissionen zu erarbeiten.

Des Weiteren wurden Dokumentationen zum Überwinterungsverhalten von Fledermäusen in einem stillgelegten Eisenbahntunnel, über die Schmetterlingspopulation auf einer Wiese bei Obertshausen und vieles mehr unterstützt.

Dies sind nur einige Facetten unserer Unterstützung, an denen man den Nutzen und die Bedeutung für Natur, Umwelt und die Bürger in der Nachbarschaft des Frankfurter Flughafens ersehen kann. Vielfach konnten mit den Fondsmittel auch langfristig geplante Projekte, die wegen Geldmangels über Jahre zurückstellt worden waren, realisiert werden.

Projekte im Regionalpark, die aus Mitteln des Umweltfonds der FAG gefördert wurden.

Maßnahmen – Die Regionalpark RheinMain GmbH als Pilotgesellschaft

Lorenz Rautenstrauch
Maßnahmen – Pilot GmbH

Im Jahr 1995 wurde die erste Durchführungsgesellschaft zur Umsetzung der Regionalparkidee vom Umlandverband Frankfurt zusammen mit den Kommunen Hattersheim, Flörsheim und Hochheim gegründet. Sie hat im Januar 1996 mit der Einrichtung ihrer Geschäftsstelle in Flörsheim ihre Tätigkeit aufgenommen. Aufgabe der GmbH ist es, einen zusammenhängenden Regionalparkabschnitt als Demonstrationsobjekt zu realisieren sowie Erfahrungen mit der technischen Umsetzung zu sammeln, die für die Realisierung des Regionalparkprojekts generell verwertbar sind.

Die Konzeption

Das Konzept für die Routenführung des Regionalparks in Hattersheim, Flörsheim und Hochheim wurde 1994 vom Umlandverband erarbeitet. Auf dieser Basis wurden zwei Landschaftsarchitekten beauftragt, Entwürfe im Maßstab 1 : 2000 zu erarbeiten (Günter Rademacher, Bad Soden, sowie Hanke, Kappes, Heide, Sulzbach am Taunus). Die Entwürfe sind in über 30 Teilprojekte aufgegliedert und in Einzelheiten modifiziert worden. Sie bilden die Basis, an der sich die gesamte weitere Arbeit der Gesellschaft orientiert.

Die Regionalparkroute in den drei Städten führt von der Mainuferanlage in Sindlingen an der westlichen Stadtgrenze Frankfurts bis zur östlichen Stadtgrenze Wiesbadens. Sie ist insgesamt etwa 27 Kilometer lang und verläuft in den Freiräumen zwischen den Ortsteilen der drei Städte. Diese Freiräume sind durch die Besiedlung zum Teil bereits zu Inseln geworden; sie werden wieder zu einem zusammenhängenden Erlebnisraum verknüpft. Die Regionalparkroute verzweigt sich in ihrem westlichen Abschnitt in zwei Äste. Der eine nimmt das idyllische Wickerbachtal auf und endet am Ortsrand von Wiesbaden-Delkenheim und dem Golfplatzgelände. Der andere Ast führt nördlich um die Ortslage Hochheim herum, am Fuß der Mülldeponie Wicker entlang und erreicht Wiesbadener Gemarkung westlich des zukünftigen Naturschutzgebiets Silbersee. Die Regionalparkroute ergänzt sich mit dem Mainuferweg zu einem Rundweg, den man in kleinen oder größeren Schleifen erkunden kann.

Verknüpfungen mit innerörtlichen Grünzügen sind in allen drei Orten vorgesehen, ebenso die Anbindungen an die S-Bahn-Stationen in Hattersheim und Flörsheim. Um den Regionalpark mit dem Auto zu erreichen, werden vorhandene Parkplätze in der Nähe der Route genutzt und neue angelegt.

Die Route nimmt in der Regel vorhandene Feldwege auf. Sie werden durch eine regionalparktypische Mindestausstattung aus dem übrigen Netz der Feldwege hervorgehoben. Diese Mindestausstattung besteht darin, dass die Wege, wo sie durch Ackerland führen, regelmäßig von Wiesenstreifen von mindestens zehn Meter Breite eingefasst werden. Diese werden je nach örtlicher Situation gestaltet. Es werden Alleen, Gehölzgruppen oder Hecken angelegt.

In Abständen von einigen hundert Metern entstehen nach dem Prinzip der Perlenschnur größere oder kleinere Anlagen, Orte, wo man ankommen kann, wo man rasten kann, wo ein Ausblick zu genießen ist. Die Größe solcher Anlagen reicht von wenigen hundert Quadratmetern bis zu zwölf Hektar. Zur Ausgestaltung dieser Orte gibt es ein breites Spektrum. Orte mit „wilder Natur", also zum Beispiel Naturschutzgebiete, die am Wege liegen (die Weilbacher Kiesgruben) oder eingerichtet werden (das Silberseegelände nördlich von Hochheim) und in die man über sorgfältig gestaltete Aussichtstürme hineinsehen kann – oder die man auf einem Steg schonend überqueren kann. Am anderen Ende der Skala werden dem Besucher intensiv gärtnerisch gestaltete Parkanlagen wie der Rosengarten in Hattersheim vorgeführt. Zwischen naturnah/wild und gärtnerisch gibt es eine Vielzahl von Elementen wie Streuobstwiesen (am Panoramaweg) oder ein großer Wiesenbereich, der in Pücklerscher Manier als Landschaftspark gestaltet ist (Wiese am Kastengrund). Es gibt kleine Spielplätze (im Park Bad Weilbach) und einen großen Abenteuerspielplatz (nördlich von Hochheim) entlang des Weges und Haine, wo es nicht aktiv, sondern kontemplativ zugehen soll.

Nicht alle Elemente werden neu gebaut. Vorhandenes wird aufgenommen, so die großartige Wasserwerksallee in Hattersheim oder die idyllischen Wiesen des Wickerbachtals und der „Flörsheimer Schweiz". Das Neue besteht auch darin, dass diese bestehenden Wiesenzüge am Bach, die Allee, der Wasserfall (am Schwarzbach in Hattersheim), der Kurpark (in Bad Weilbach), die Gastwirtschaften in einen für jedermann anschaulich erlebbaren Zusammenhang gebracht werden – also Teile eines Parks werden.

Eine wichtige Rolle spielen die historischen Elemente in der Landschaft. Die Routenführung nimmt mit dem Panoramaweg, dem Weinlaubengang und dem Landwehrweg in Flörsheim und Hochheim die alte Territorialgrenze zwischen den kurmainzischen und den nördlich gelegenen Territorien auf. Die wiederaufgebaute Flörsheimer Warte und zwei kurze Abschnitte der alten Landwehr zeigen, wie solche

Territorialgrenzen im Mittelalter befestigt wurden. Mit den alten Kalkbrennöfen in Flörsheim-Keramag wird ein Stück alter Industriegeschichte gezeigt. Mit Farbrührern (am Obstbaumrondell in Hattersheim) aus der ehemaligen Firma Hoechst wird an jüngste Industriegeschichte erinnert.

Ebenso gehört Kunst in der Landschaft zum Repertoire, so die Ergebnisse des Bildhauersymposiums am Panoramaweg in Flörsheim. Mit der künstlerischen Installation „Nahtstelle Müll/Fenster zur Deponie" wird deutlich gemacht, dass mit dem Regionalpark nicht eine Idylle angestrebt wird. Die Siedlungskulisse des Ballungsraums wird akzeptiert, eine Mülldeponie mit einbezogen und erläutert, Hochspannungsleitungen und Masten werden nicht ausgeblendet.

Kreuzungspunkte mit Straßen sind häufig und ihre Sicherung ist eine der Aufgaben, die gelöst werden muss. Solche Kreuzungspunkte werden jedoch nicht immer nur als störend angesehen. Mit dem Aussichtspunkt über der an dieser Stelle achtspurigen Autobahn A 5 und der neuen Schnellbahntrasse der Bundesbahn bei Weilbach ist auf der Regionalparkroute Mobilität hautnah zu erleben. Die Region präsentiert sich auch im Regionalpark mit ihrer spezifischen Charakteristik als Verkehrsknotenpunkt in Deutschland. Die Skyline von Frankfurt und der Flughafen bestimmen die Fernsicht.

Umsetzung und Pflege

Die Umsetzung dieses Konzepts liegt in den Händen einer Geschäftsstelle, die vor Ort in Flörsheim eingerichtet. Der Auftrag lautet, das Projekt in einem überschaubaren Zeitraum von fünf bis sechs Jahren zu realisieren.

Nach fünfjähriger intensiver Arbeit waren im Winter 2000 etwa zwei Drittel des Pilotprojekts fertig gestellt. Der Grunderwerb und die Objektplanung für die noch fehlenden Abschnitte waren so weit fortgeschritten, dass mit der Fertigstellung bis zum Jahr 2002 gerechnet werden kann. Es wurde durchgängig darauf verzichtet, Bebauungspläne für die Regionalparkroute aufzustellen. Die Objektplanung wurde an freie Planungsbüros vergeben.

Die Grundstücksbeschaffung geschieht überwiegend durch Kauf, in geringem Umfang durch langfristige Pacht. Eigentümer wird jeweils die Gesellschaft. Außerdem haben die beteiligten Kommunen Flächen zur Verfügung gestellt. Für den Grunderwerb hat sich die enge Zusammenarbeit und Abstimmung mit den

Liegenschaftsabteilungen der drei Kommunen als außerordentlich wichtig erwiesen. Beim Kauf der Grundstücke gilt grundsätzlich das Prinzip der Freiwilligkeit und der Orientierung am ortsüblichen Preisniveau. Dies bedeutet, dass die Grundstücksbeschaffung der zeitkritische Faktor ist. Kann ein Grundstück auch nach langen Bemühungen nicht beschafft werden, wird verzichtet oder es werden alternative Routen gesucht.

Ein wichtiger Teil der Arbeit besteht in der laufenden Abstimmung mit den Verwaltungen der beteiligten Kommunen und des Kreises, mit den politischen Gremien der Kommunen und mit örtlichen Interessengruppen. Für die besonders wichtige Abstimmung mit dem ehrenamtlichen Naturschutz und mit den Landwirten werden regelmäßige Erörterungsrunden einberufen und Ortstermine durchgeführt. Am konkreten Fall werden Lösungen diskutiert und Kompromisse gesucht.

Die Verkehrssicherungspflicht auf den Regionalparkrouten und -anlagen liegt bei den Gemeinden. Jedoch kümmert sich die Gesellschaft um die Pflege der realisierten Abschnitte. Ein Teil der Pflegearbeiten – im Wesentlichen Mähen oder Mulchen, aber auch Bewässerung und dergleichen – wird von Landwirten übernommen, die das Mähgut als Futter verwenden oder gegen Entgelt mähen und abtransportieren. Abrechnungsbasis für diese Arbeiten sind die entsprechenden amtlichen Tabellen. Zur Durchführung von Pflegearbeiten, für die Landwirte auf Grund ihrer Arbeitsausrichtung und ihrer Maschinenausstattung nicht in Frage kommen, wurde ein Vertrag mit einer Beschäftigungsgesellschaft abgeschlossen. Die SIT Selbsthilfe im Taunus setzt im Auftrag der Gesellschaft einen langsam wachsenden Trupp von ABM-Kräften (gegenwärtig sechs Personen) ein. Als Basis vor Ort wurde dafür eine kleine Pflegestation (Container und WC) eingerichtet. Durch die Beauftragung von Landwirten und den Einsatz von ABM-Kräften gelingt es, die Pflegekosten sehr niedrig zu halten.

Die Pflegekosten werden sich nach Fertigstellung des gesamten 27 km langen Regionalparkabschnittes auf jährlich ca. 450.000 Mark belaufen. Einigkeit besteht darüber, dass nur eine zentral organisierte Pflege (und Finanzierung) die Einheitlichkeit des Erscheinungsbildes und den langfristigen Erfolg des Regionalparkes sicher stellen kann. Mehrere Lösungsmodelle werden diskutiert. Es kann davon ausgegangen werden, dass nicht nur die Umsetzung, sondern auch die dauerhafte Pflege für das Pilotprojekt gesichert wird.

Sehens-, Erlebens- und Genießenswert:

Tipps entlang des Regionalparks RheinMain in Hattersheim, Flörsheim, Hochheim und des Mainuferweges.

Ausflugslokale & Straußwirtschaften

❶ Gaststätte Gärtnerhaus, Glockwiesenweg 10, 65830 Hattersheim, Telefon 06190/2966, Mo 16.30-24.00 Uhr, Di-Fr 11.00-14.30 Uhr und 16.30-24.00 Uhr,Sa/So/Feiertage von 11.00-24.00 Uhr.

❷ Restaurant Mönchhof,Mönchhofstraße 5, 65795 Hattersheim- Eddersheim, Telefon 06145/ 31766, täglich 17.00-23.00 Uhr, So+Feiertage 11.30-23.00 Uhr, Di Ruhetag

❸ Gaststätte Bootshaus, Konrad-Adenauer-Ufer 25, 65439 Flörsheim, Telefon 06145/6440, täglich ab 16.00 Uhr, So+Feiertage ab 11.00 Uhr, Mi Ruhetag

❹ Gasthof Zum Hirsch, Konrad-Adenauer-Ufer 19, 65439 Flörsheim, Telefon 06145/2873, täglich 11.00-23.00 Uhr, Di Ruhetag

❺ Straußwirtschaft Weingut Mitter, Weilbacher Straße 16, 65439 Flörsheim, Telefon 06145/7333, geöffnet Juni, Juli, August, Fr+Sa 16.30-23.00 Uhr, So+Feiertags 15.30-23.00 Uhr.

❻ Gutsausschank Flörsheimer Warte, Landwehrweg, 65439 Flörsheim-Wicker, Telefon 06192/963818, geöffnet April- Dezember, Mi-Sa 15.00-22.00 Uhr, So+Feiertags 11.30-22.00

❼ Gasthof Wiesenmühle, Wickerbachaue, 65439 Flörsheim, Telefon 06145/7166, Mi-So 11.00-23.00 Uhr, Mo+Di Ruhetag

❽ Gutsausschank Johanneshof, Steinmühlenweg 1, 65439 Flörsheim-Wicker, Telefon 06145/2610, geöffnet ganzjährig Mi-Sa 16.00-23.00 Uhr, So+Feiertage 12.00-23.00 Uhr, Mo+Di Ruhetag

❾ Straußwirtschaft Lindenhof, Massenheimer Landstraße, 65239 Hochheim, Telefon 06146/9155,geöffnet 01.09.-26.11.2000, ab 02.03.2001- Mai 2001 usw. Fr+Sa ab 17.00 Uhr, So +Feiertags ab 16.00 Uhr

❿ Straußwirtschaft Dorotheenhof, Am Weiher 49, 65239 Hochheim, Telefon 06146/3722, geöffnet 08.09.-19.11.2000 und ab Mitte März 2000, Mi-Sa ab 17.00 Uhr, So + Feiertags ab 16.00 Uhr

⓫ Weinprobierstand Hochheim, Alleestraße, geöffnet Mai-August jeweils Freitags-Montags und an Feiertags-Donnerstags, (Do)+So ab 11.00 Uhr, Fr+Sa ab 17.00 Uhr, Mo ab 18.00 Uhr

sowie weitere Straußwirtschaften, Gutsausschänke, Weinlokale und Gaststätten in Hattersheim, Flörsheim, Hochheim samt Ortsteilen.

Weitere Informationen:
• **Stadt Hattersheim am Main**-Bürgerbüro Tel. 06190/970-0, http://www.hattersheim.de
• **Stadt Flörsheim am Main**-Stadtbüro Tel. 06145/955-110, http://www.floersheim.de
• **Stadt Hochheim am Main**-Bürgerbüro Tel. 06146/839910, http://www.hochheim.de

Kultur, Kunst & Geschichte (Auswahl)

⓬ Posthof Hattersheim Sarceller Straße, ehemals größte Reichspoststation und Pferdewechselstelle der Thurn und Taxis'schen Post 1489-1850,quadratischer Innenhof aus dem18.Jh., heute Verwaltungssitz und Restauration.

⓭ Evangelische Pfarrkirche Okriftel in der "Alten Mainstraße", 1809 errichtet im klassizistischen Stil, Mittelpunkt des historischen Ortskerns.

⓮ Katholische Pfarrkirche St.Martin, Eddersheim, Probsteistraße, errichtet 1728-1741, erweitert 1935, im Main-Taunus-Kreis einmalige Sandsteinplastik von 1754 vor der Kirche.

⓯ Eddersheimer Staustufe mit Wasserkraftwerk, Mönchhofstraße, errichtet 1929-1934 mit Doppelschleuse, Walzenwehr, Fußgängersteg und Fischpaß, markantes Beispiel der Industriearchitektur der 20er Jahre des letzten Jahrhunderts.

⓰ Alter Mainturm Flörsheim, Konrad-Adenauer-Ufer, letzter erhaltener Turm der frühneuzeitlichen Befestigungsanlage aus dem 16.Jh., geplanter Museumsstandort.

⓱ Flörsheimer Mainstein, Konrad-Adenauer-Ufer, 1984 errichtete Sandstein-Stele, Darstellung des Mains zwischen Mainzer Dom und Frankfurter Dom und der Geschichte Flörsheims.

⓲ Flörsheimer Heimatmuseum, Hauptstraße, Schützgalerie (Landschaftsmalerei des 18.Jh.), Flörsheimer Fayence-Kabinett (berühmte Sammlung schmuckvollen Gebrauchsgeschirrs).

⓳ Katholische St.Gallus-Kirche Flörsheim,Hauptstraße, dominanter Kirchenbau von 1780, barocke Orgel von 1709, typisches Beispiel für ländlich-spätbarocke Kirchenbaukunst im Mittelrheingebiet.

⓴ Tor zum Rheingau, Wicker - Sandsteinbogen, der für den geographischen Beginn des Rheingaus in Wicker steht, Weinprobierstand.

㉑ Katholische St.Katharina-Kirche Wicker,1294 ersterwähnt, gotischer Chorbogen und barockes Kirchenschiff, alter Wehrturm auf römischem Fundament.

㉒ Straßenmühle Wicker, als ehemalige Mühle der Landgrafen von Hessen reformierte Enklave in katholisch-kurmainzer Umgebung, Mühlenbetrieb bis 1929, Hofladen des Weingutes Joachim Flick.

㉓ Evangelische Pfarrkirche Masseheim, erwähnt, Chorturm des 15/16. Jh., ba Innenausstattung, frühbarocker Taufs jährigen Krieg als Spende eines schwec nes, interessante Läuteordnung.

㉔ Katholische Pfarrkirche St.Peterheim, barocke Kirche von 1732 in aus prachtvolle Inneneinrichtung mit Hoch ren, Emporen, Kanzel und Deckengem restauriertes Küsterhaus ("Maintor").

㉕ Historische Altstadt Hochheim, ku Fachwerkhäuser und mittelalterliche G Rokoko-Figur der Hochheimer Madonn (alter Marktplatz).

㉖ Königin-Viktoria-Denkmal, 1854 ment in den Hochheimer Weinbergen die Rheinreise der weinliebenden Englis mit ihrem Besuch in Hochheim.

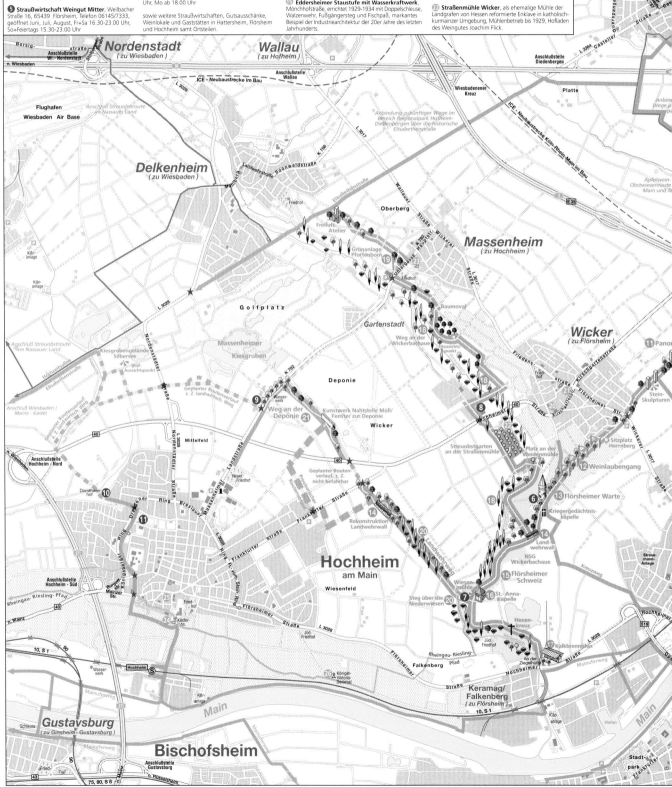

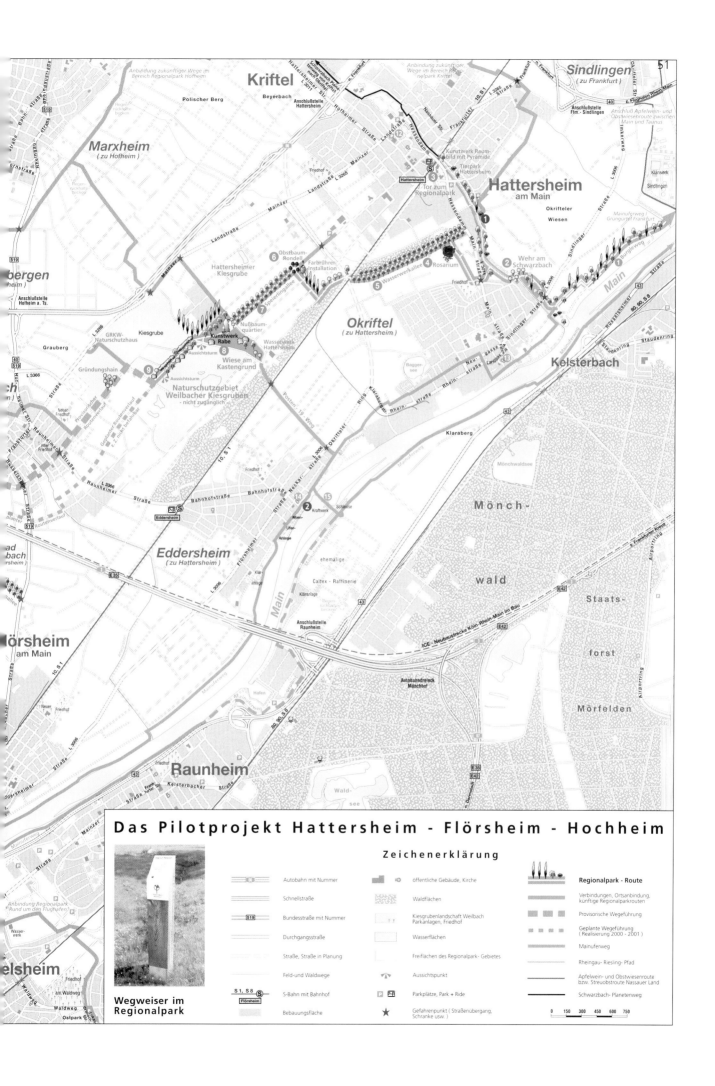

51

Sindlingen
(zu Frankfurt)

Kriftel

Marxheim
(zu Hofheim)

Hattersheim
am Main

Okriftel
(zu Hattersheim)

Kelsterbach

Mönch-

wald

Staats-

forst

Mörfelden

Eddersheim
(zu Hattersheim)

örsheim
am Main

Raunheim

Die Organisation

Gesellschafter der Regionalpark RheinMain GmbH sind der Umlandverband Frankfurt, die Gesellschaft zur Rekultivierung der Kiesgrubenlandschaft Weilbach (GRKW) und die Stadt Hochheim. Das Stammkapital beträgt eine Million Mark und wird zu zwei Dritteln vom UVF gehalten, der Rest verteilt sich auf die beiden anderen Gesellschafter. Die Städte Hattersheim und Flörsheim sind indirekt, das heißt über ihre Mitgliedschaft in der GRKW beteiligt. Die GRKW existiert seit 1982. Die Einschaltung dieser Gesellschaft (an der neben den genannten Kommunen der Kreis Main-Taunus und wiederum der UVF beteiligt sind) war deshalb zweckmäßig, weil auf diese Weise Grundbesitz der GRKW mit genutzt werden konnte, deren Gelände mit wesentlichen Elementen in den Regionalpark einbezogen wurde. Die GRKW betreibt das Naturschutzhaus und ist eine wichtige Anlaufstelle für Besucher. Vor allem aber verfügt sie auf Grund ihrer Rekultivierungstätigkeit über langjährige Erfahrungen in der aktiven Gestaltung von Landschaft. Diese Erfahrungen sollen genutzt werden.

Der Aufsichtsrat der Gesellschaft umfasst 18 Personen und ist entsprechend den Anteilen am Gesellschaftskapital vom UVF, GRKW beziehungsweise den Kommunen besetzt. In der Geschäftsstelle in Flörsheim arbeiten hauptamtlich ein Prokurist mit zweieinhalb Mitarbeitern. Die nebenamtliche Geschäftsführung obliegt dem Leiter des Planungs- und Liegenschaftsamts der Stadt Flörsheim und dem Leiter der Planungsabteilung beim UVF.

Die GmbH-Konstruktion bildet die überörtliche und lokale Charakteristik des Regionalparkprojekts gut ab. Die Konstruktion hat sich bewährt, wichtige Elemente wurden bei der Gründung weiterer Durchführungsgesellschaften übernommen.

Kosten und Finanzierung

Die Kostenschätzung, die bei Gründung der Pilot-GmbH vorlag, sah ein Volumen von knapp 24 Millionen Mark einschließlich der Kosten für die Geschäftsstelle vor. Diese Größenordnung wird nur wenig überstiegen. Den Grundstock der Finanzierung bilden die in Raten über fünf Jahre gezahlten Beiträge der Partner, wobei der UVF zwei Drittel und die Kommunen beziehungsweise die GRKW das restliche Drittel beigesteuert haben. Auf diese Weise wurden bislang 15 Millionen Mark aufgebracht. Einen wesentlichen Beitrag zahlt das Land Hessen mit 2,5 Millionen Mark. Weitere Mittel stammen von Sponsoren und der Rest stammt aus Erlösen, die mit dem Verkauf von Ökopunkten aus den Beständen des Ökokontos der GmbH erzielt wurden.

Ökopunkteverkauf

Die Gesellschaft hat konsequent die Möglichkeiten, die das Hessische Naturschutzgesetz mit dem Prinzip des Ökokontos bietet, genutzt. Die durchgeführten Maßnahmen erfüllen zu einem wesentlichen Teil die Anforderungen, die an die Anerkennung als naturschutzrechtliche Ersatzmaßnahmen gestellt werden. Nach entsprechender naturschutzfachlicher Prüfung konnte die Gesellschaft deshalb erhebliche Guthaben auf einem Ökokonto bei der zuständigen Unteren Naturschutzbehörde des Main-Taunus-Kreises verbuchen. Andererseits besteht im Pilotgebiet und auch in seinem näheren Umfeld – naturschutzfachlich ausgedrückt im entsprechenden Naturraum – von diversen Eingreifern eine erhebliche Nachfrage nach Kompensationsmöglichkeiten. Beispielhaft wurde in einem Vertrag mit der Deutschen Bahn AG ein erstes Paket an Ökopunkten zur Kompensation von Eingriffen im Zuge der ICE-Schnellbahntrasse, die das Pilotgebiet durchquert, zur Verfügung gestellt. Hierfür wurde von der Bahn AG ein Betrag von knapp 3,4 Millionen Mark gezahlt.

Abschlußfest des Bildhauersymposiums

Kreis der Steine, Ost-Stelen
links: Bildhauer Thomas Link, Issing

Praetorius Ensemble, Limburg

Auftakt zum Bildhauersymposium
rechts: Bildhauer Hubert Maier, Moosach

Maßnahmen-Katalog

Friedhelm Blume
Landwehrgraben

Der Landwehrgraben ist ein noch sichtbares Teilstück der historischen Kasteler Landwehr, die als Verteidigungsbauwerk von 1484 bis 1504 von dem Mainzer Kurfürsten und Erzbischof Berthold von Henneberg zum Schutze des kurmainzischen Territoriums um die Dörfer Kastel, Kostheim, Hochheim und Flörsheim errichtet wurde. Die zwei bis drei Meter breite Anlage bestand aus Gräben und dicht mit Bäumen und Hecken, dem so genannten Gebück, bepflanztem Wall entlang der Grenze zum Territorium der Eppsteiner Burgherren. Mit der Eingliederung der rechtsrheinischen Kurmainzer Dörfer in das Fürstentum Nassau-Usingen verlor die Landwehr 1803 ihren Sinn und wurde größtenteils eingeebnet. In dem hier beschriebenen Bereich wurde zwar der Wall auch abgetragen, der Graben jedoch gepflegt und erhalten, weil er den Bauern zur Entwässerung ihrer Äcker diente. Direkt am Graben kam Aufwuchs hoch, der hier die ansonsten ausgeräumte Landschaft prägt. Noch heute markiert der Landwehrgraben die Gemarkungsgrenze zwischen Hochheim und Wicker.

Deponietechnik und Umweltschutz

Im Zuge der Sanierung der Deponie Wicker wurde eine Spundwand um den Deponiekörper eingebaut. Das von Westen anströmende Grundwasser wird über eine Rigole aufgefangen und in den Landwehrgraben eingeleitet. Ebenso wird das gereinigte Oberflächenwasser der Deponie dem Landwehrgraben zugeführt. Damit bekam der Landwehrgraben in jüngster Zeit eine wichtige Funktion als Vorfluter für die Deponie. Aus dem ehemals meist trockenen Graben wurde nun ein ständig Wasser führender Bach.

Hydrologie und Naturschutz

Der Wickerbach führt Niederschlagswasser von den Taunushängen dem Main zu. Starke Regenereignisse führen zu einem sprunghaften Anstieg der Wassermenge und zu kurzzeitigen Überflutungen. Der Auenbereich zwischen der Weidenmühle und der Obermühle nimmt dabei eine wichtige Rolle als Retentionsraum wahr. Hieraus resultiert auch die naturschutzfachliche Bedeutung, die 1998 zur Ausweisung des „Landschafts- und Naturschutzgebiets Wickerbachauen von Flörsheim und Hochheim" führte.

Es wurde die Idee entwickelt, das Wasser des Landwehrgrabens nicht mehr direkt in den Wickerbach einzuspeisen, sondern dieses saubere Wasser zur ökologischen Verbesserung der „Niederwiesen" auf das Wiesengelände zu leiten. Dadurch wird die ehemals landwirtschaftlich genutzte Frischwiese in eine Feuchtwiese umgewandelt. Positive Effekte für Flora und Fauna sind zu erwarten. Es scheint nicht unwahrscheinlich, dass sich hier außer Reihern auch Störche ansiedeln können.

Erholungsnutzung

Das bisher für die Erholungsnutzung nahezu unerschlossene Gelände am Landwehrgraben wurde durch Erschließungs- und Gestaltungsmaßnahmen in das Regionalparkprojekt einbezogen. Die Regionalparkroute führt von der Gaststätte Wiesenmühle über eine neu errichtete Brücke über den Wickerbach und einen etwa 100 Meter langen und 60 Zentimeter hohen Holzsteg über die Niederwiesen. Der Weg schlängelt sich dann auf einer Länge von zirka zwei Kilometern durch einen 30 bis 60 Meter breiten Geländestreifen entlang des Landwehrgrabens und nach Überquerung der Bundesstraße B 40 an der Westseite der Deponie entlang. Es ist ein parkartiges, von Feldholzinseln und Baumgruppen gegliedertes Gelände entstanden, das durch Streuobstwiesen ergänzt wird. Im Bereich der Deponie wurden Kieshügel als Ersatzbiotope für die mit der Sanierung auf dem Deponiegelände verschwindenden Schotterflächen angelegt. Dort hatten sich seltene Tiere und Insekten wie der Steinschmätzer oder die blauflügelige Ödlandschnecke angesiedelt.

Ausgleichs- und Ersatzmaßnahmen, Ökopunkte

Durch diese Gestaltungsmaßnahmen fand eine deutliche ökologische Wertsteigerung der ehemals landwirtschaftlich genutzten Flächen statt. Auf dem Geländestreifen entlang des Landwehrgrabens und an der Westseite der Deponie Wicker wurden auf knapp 13 Hektar Fläche zirka 1,5 Millionen Ökopunkte produziert. Auf dem fast sechs Hektar großen Wiesengelände dürften voraussichtlich weitere 0,5 Millionen Ökopunkte entstehen. Die Regionalpark RheinMain GmbH sammelt diese Ökopunkte auf einem Ökokonto und bietet sie interessierten Maß-

Der neu angelegte Weg in dem Parkband entlang des Landwehrgrabens zwischen Hochheim und Flörsheim

nahmenträgern für die Kompensation ihrer Eingriffe in Natur und Landschaft an.

Im Sommer 2000 wurde mit der Deutschen Bahn AG ein Vertrag geschlossen, in dem u. a. die am Landwehrgraben und an der Westseite der Deponie Wicker entstandenen Ökopunkte für Eingriffe aus dem Bau der ICE-Schnellbahnstrecke Frankfurt Rhein-Main – Köln verkauft wurden. Die Einnahmen von mehr als 3,3 Millionen Mark werden zur Refinanzierung der von der Regionalpark RheinMain GmbH initiierten Maßnahmen verwendet.

Landwirtschaft

Selbstverständlich ist mit den Umgestaltungsmaßnahmen ein Flächenverlust für die Landwirtschaft verbunden. Durch die gleichzeitige Nutzung des Regionalparks als Kompensationsfläche für Eingriffe in Natur und Landschaft gelingt jedoch eine Bündelung entlang der Regionalparkwege. Das bedeutet für die Landwirtschaft, dass eine Zersplitterung der großflächigen Bearbeitungsbereiche vermieden und damit eine rationelle landwirtschaftliche Flächenstruktur gesichert wird.

Bernd Abeln
Stangenpyramide in Dreieich

Fünf ehemals eigenständige Gemeinden und Städte – Buchschlag, Sprendlingen, Dreieichenhain, Götzenhain und Offenthal – bilden seit 1977 die Stadt Dreieich. Die fünf Stadtteile haben ihren eigenen Charakter bewahrt und bilden eine facettenreiche Stadt im Grünen, in der die Geschichte vom Mittelalter bis zur Neuzeit lebendig wird.

Durch eine reizvolle Landschaft mit Streuobstwiesen, Feldern, Naturdenkmälern und Bachauen führt der Regionalparkweg in Dreieich und lädt die Besucher zum Verweilen und zum Gespräch an der Stangenpyramide ein.

Seit dem Frühjahr 2000 steht sie als Anziehungs- und Aussichtspunkt in der Dreieicher Landschaft und markiert den höchsten Punkt der Stadt, im Höchsten genannt. 450 verleimte Rundhölzer bilden dort eine Skulptur, die in einem regelmäßigen Raster in einem Abstand von einem Meter auf einer Grundfläche von 18 mal 24 Metern stehen. Die Stangen am Rand der Pyramide sind 65 Zentimeter hoch und steigen bis zur Mitte auf sechs Meter an. Ein mit Platten belegter Pfad teilt die Anordnung der Stangen in zwei gleiche Hälften und führt auf eine Aussichtsplattform, von wo aus der Blick auf die Frankfurter Skyline und den Taunus gelenkt wird. Die Sichtachse in Verlängerung dieses Weges zeigt auf den Frankfurter Messeturm; eine zweite Stangenpyramide soll auf dieser Achse liegend im Taunus unterhalb von Oberursel entstehen.

An der Stangenpyramide führen auch der Radweg der Deutschen Fachwerkstraße – Regionalstrecke Trebur bis Reichelsheim – und die Hessische Apfelwein- und Obstwiesenroute – Regionalstrecke Stadt und Kreis Offenbach – vorbei, bei denen die Stadt Dreieich Mitglied ist.

Dreieich

Landschaftsarchitekten: Ipach und Dreisbusch, Neu-Isenburg

Lorenz Rautenstrauch
Das Nest in Hochheim a. M.

Im Norden von Hochheim unmittelbar an der Gemarkungsgrenze zu Wiesbaden liegt das ehemalige Kiesgrubengelände Silbersee, ein Naturschutzgebiet, das eine große Zahl von unterschiedlichsten Vogelarten anzieht.

Es gehört zu den wichtigen Anliegen des Regionalparkprojekts, den Besuchern auch wilde Natur auf solche Weise vorzuführen, dass die Biotope zwar eingesehen und beobachtet werden können, jedoch ohne dass sie durch dieses Interesse Schaden nehmen. Es soll durch unmittelbare Anschauung für die Ziele des Naturschutzes geworben werden, aber gleichzeitig auch um das Verständnis dafür, dass solche Biotope ihres Schutzes wegen nicht betreten werden sollten.

Es wurde entschieden, ein künstliches, stilisiertes Nest zu bauen. Diese Landmarke soll ein Kunstgebilde sein, aber die Assoziationen zum natürlichen Nest, zum Vogelschutzgebiet, wecken. Und auch der Gedanke steckt darin: dass wilde Natur im Rhein-Main-Gebiet nur künstlich wieder geschaffen und erhalten werden kann. Das Naturschutzgebiet ist im Grunde so künstlich wie das Nest selbst.

Die Landmarke Nest nach dem Entwurf der Darmstädter Architekten Karle und Buxbaum steht auf einem Hügel, der um 8,50 Meter gegenüber dem umliegenden Gelände aufgeschüttet wurde. Mit acht unregelmäßig angeordneten Stangen von 25 Zentimeter Stärke wurde gleichsam eine Astgabel geschaffen (Statik: Schlier und Partner, Darmstadt), in der in 7,50 Meter Höhe eine kreisrunde Plattform ruht. Die Gestaltung des Nestmotivs wird durch 8 kreisrunde Ringe aus Brettschichtholz erreicht.

Ein Nest als Landmarke, Silberseegelände Hochheim,
Architekten: Karle und Buxbaum, Darmstadt

Klaus D. Dehler
Sitzkastanien und Sitzspirale in Königstein

In der kleinräumigen Landschaft des Vordertaunus und besonders in der Umgebung von Königstein existierte eine bäuerliche Tradition mit Obstanbau und extensiver Bewirtschaftung des Grünlandes. Bei der Ausgestaltung des Regionalparks steht dieser traditionelle Charakter der Landschaft im Vordergrund. Der Übergang vom Naturpark Hochtaunus zum Regionalpark RheinMain, Teilraum Königstein, ist mit einer in Basalt und gelbem Granit gepflasterten Sitzspirale markiert.

Die Spirale, ein Symbol für Ende und Anfang, steht sowohl für die Wiederherstellung einer alten Ordnung als auch für die Gestaltwerdung von etwas Neuem, noch nicht Existierenden. Auf einem Mäuerchen sitzend genießt hier der Regionalparkbesucher den einmaligen Panoramablick auf die historischen Burgen Königstein und Falkenstein, die in die Wälder des Vordertaunus eingebettet sind.

Dies ist ein Ort zum Innehalten, zum Rasten und zum Betrachten, die Kulisse regt zu Gedanken über Beständigkeit und Vergänglichkeit an. Durch die Besucherlenkung leistet der Regionalpark einen wichtigen Beitrag zum Schutze der hier lebenden seltenen Pflanzen und Tiere. Mit einer locker angeordneten Neupflanzung von Speierlingbäumen oberhalb des Bangertwegs wird der 1926 unter Naturschutz gestellte Baum wieder kultiviert.

An die traditionelle Kultivierung der Edelkastanie, die seit fast 2000 Jahren im Taunus heimisch ist, knüpft der Aussichtspunkt „Sitzkastanien mit Cityblick" an. Das charakteristische Element dieses Aussichtspunkts bilden die sechs nach dem Vorbild der echten Marone vom Holzbildhauer Peter Meier nachgestalteten Riesenmaronen. Diese Früchte liegen wie zufällig vom Baum gefallen in der Nähe eines Esskastanienbaums. Sie weisen alle Rundungen, Spitzen und Mulden der natürlichen Marone auf. Die Sitzfläche ist die flache Seite der Frucht, die für je zwei kleine Personen Platz bietet. Mit diesen beiden Aussichtspunkten wurde der Grundstein für die Regionalparkroute in Königstein gelegt.

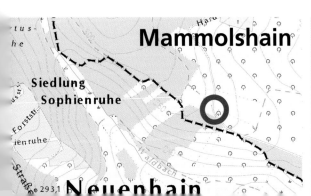

Sitzspirale
Entwurf: Monika Aigner, UVF

Kastanienförmige Sitze
Entwurf: Monika Aigner, UVF
Umsetzung: Bildhauer Peter Meier

Wolfgang Knoll
Flörsheimer Warte

Aussichtspunkte

Die 1996 von der GRKW, der Gesellschaft zur Rekultivierung der Kiesgrubenlandschaft Weilbach, wiedererrichtete Flörsheimer Warte ist ein beliebtes Ausflugsziel in den Wickerer Weinbergen. Als Aussichtsturm ermöglicht sie einen weiten Ausblick über die Region, die sich in ihrer ganzen Vielfältigkeit präsentiert. Bei klarem Wetter lassen sich die Hänge von Taunus und Odenwald, der Rheingraben, die Mainebene sowie die Skyline von Frankfurt erkennen. Die heutige Flörsheimer Warte ist eine zeitgemäße Rekonstruktion des historischen Vorgängerbauwerks aus dem ausgehenden 15. Jahrhundert. Damals war sie als einer von vier Wachtürmen entlang der Kasteler Landwehr errichtet worden und diente der Kontrolle und dem Schutz des kurmainzischen Territoriums.

Landwehren, wie die 1484 von dem Mainzer Kurfürsten Berthold von Henneberg angelegte Kasteler Landwehr, waren zwei bis drei Meter breite Anlagen und bestanden aus einem Graben und einem dicht bepflanzten Wall. Die Landwehren stellten eine Grenze für das Territorium dar, die zugleich den Schutz der Bevölkerung vor Übergriffen garantieren sollte. Diese Grenze war nur an wenigen kontrollierten Durchgängen passierbar, an den wichtigsten befanden sich die Wachtürme, so genannte Warten. Von diesen ließen sich die Wege gut übersehen. Mit Hilfe der Flörsheimer Warte konnte man die Straße von Hochheim nach Wicker, die Straße von Flörsheim nach Wicker sowie den Mainlauf und die Mainübergänge überblicken.

Als die Landwehr mit der Eingliederung der rechtsrheinischen Dörfer ins Nassauische Fürstentum 1803 ihren Sinn verlor, waren die Warten dem Verfall preisgegeben. Das Fundament der Flörsheimer Warte blieb bis heute in der Erde erhalten und befindet sich in unmittelbarer Nähe des neuen Turms. Im Rhein-Main-Gebiet finden sich an vielen Stellen noch Spuren der mittelalterlichen Verteidigungsbollwerke. Die Flörsheimer Warte versteht sich heute als Rast- und Sammelplatz für Spaziergänger und Radfahrer, die eingeladen sind, bei einem guten Schoppen Rheingauer Weins die Aussicht zu genießen.

Flörsheim

1 Otto-Wels-Straße
2 Adam-Stegerwald-Straße
3 Graf-Stauffenberg-Weg
4 Adolf-Reichwein-Weg

Flörsheimer Warte – Turm im Weinberg
Architekt der Rekonstruktion: Franz-Josef Hamm, Limburg

Thomas Maertens
Aussichtsplattform und Luftbrückendenkmal am Flughafen Frankfurt Rhein-Main

Im Rahmen der Planungen für den Regionalpark RheinMain wurden verschiedene Regionalparkrouten definiert, die den Flughafen in zwei großen Ringen umschließen. Dieses Wegenetz rund um den Flughafen verbindet verschiedene Attraktionen. Der Aussichtspunkt am Luftbrückendenkmal ist eines dieser Projekte, die die Regionalpark RheinMain Südwest GmbH in Auftrag gegeben hat.

Die geplante Anlage liegt am Ostrand des Flughafens nördlich des Luftbrückendenkmals an der BAB A 5 Frankfurt–Basel in Höhe der Fußgängerbrücke über die A 5. Hier wird einmal ein wichtiger Abschnitt im inneren Ring der Regionalparkroute verlaufen. Von hier aus hat man einen grandiosen Ausblick auf das Flugfeld. Fernsehzuschauern ist der Ausblick noch aus der Talkshow „Zwischenstop" des ZDF gut bekannt. Viele Zuschauer kommen an den Zaun zum Beobachten und Fotografieren der startenden und landenden Flugzeuge.

Ein paar Schritte weiter südlich liegt das Luftbrückendenkmal („die Hungerkralle"). Es erinnert an die lebenswichtige Luftbrücke der US Air Force während der Berlinblockade vom Juni 1948 bis Mai 1949, die der Berliner Bevölkerung das Überleben sicherte. Für die jüngere Geschichte und die Entstehung der Bundesrepublik Deutschland ist es von großer Bedeutung. Eine private Initiative, das so genannte Luftbrückenchapter, hat die Errichtung 1985 in Zusammenarbeit mit den Veteranenverbänden ermöglicht.

Die Landschaftsarchitekten Bierbaum und Partner, Mainz, haben hier eine Aussichtsterrasse mit einer Tribüne vorgeschlagen. Diese wird mit dem bestehenden Luftbrückendenkmal verbunden, um somit auch den Denkmalsbereich, der heute nicht öffentlich ist, der Bevölkerung zugänglich und erlebbar machen. Eine halb transparente Überdachung, deren Konstruktion an erste Flugapparate der Flugpioniere erinnert, überspannt einen Teil der Aussichtsterrasse. Ein Kiosk wird Erfrischungen anbieten, aber auch Informationen über die Geschichte dieses Ortes bereithalten.

Vor dem Luftbrückendenkmal mit den beiden Rosinenbombern entsteht ein um etwa drei Meter eingetiefter Platz, wodurch die Wucht des Denkmals noch betont wird. Die Flugzeuge werden durch eine Unterkonstruktion in dynamischer Flugstellung positioniert. Eine Baumgruppe mit kubisch geschnittenen Kronen bildet einen ruhigen, würdevollen Hintergrund. Das Denkmal will dadurch eine Anerkennung der großen Leistung der Piloten bezeugen.

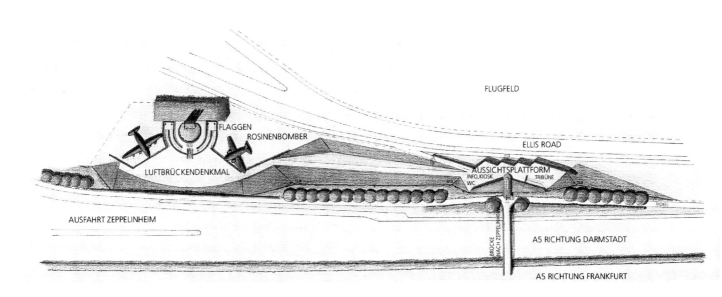

FLUGFELD

FLAGGEN

ROSINENBOMBER

ELLIS ROAD

LUFTBRÜCKENDENKMAL

AUSSICHTSPLATTFORM
INFO, KIOSK
WC
TRIBÜNE

RADWEG

AUSFAHRT ZEPPELINHEIM

BRÜCKE NACH ZEPPELINHEIM

A5 RICHTUNG DARMSTADT

A5 RICHTUNG FRANKFURT

Landschaftsarchitekten:
Bierbaum und Partner, Mainz

Thomas Maertens
Turm für den Wingertsberg in Dietzenbach

Direkt neben der Regionalparkroute in Dietzenbach, auf dem Wingertsberg, der zweithöchsten Erhebung des Landkreises Offenbach, wird zum Hessentag 2001 der Aussichtsturm errichtet.

„Ballett der Bewegungen" nennt der Frankfurter Architekt Wolfgang Rang seinen Entwurf, den er im Auftrag des Umlandverbandes Frankfurt erarbeitet hat. Der Turm ist eine Stahlkonstruktion und gliedert sich in drei exzentrisch gelagerte Ringe um einen gemeinsamen 33 Meter hohen Mast. Über eine spiralförmige Treppe gelangt man zum ersten Ring, der Aussichtsplattform in 21 Metern Höhe. Der mittlere Ring, das „Speichenrad" mit einer Höhe von 25 Metern, ist Teil des Seil-Stab-Tragwerks. Dadurch ist die Konstruktion tragfähig und filigran zugleich. Den Abschluss bildet das sich drehende „Windrad". Alle drei Ringe scheinen um den Mast zu schweben.

Rang arbeitet eng mit dem Lichtkünstler Thomas Emde zusammen. Emde, bekannt durch seine Beleuchtung des Commerzbank-Hauses in Frankfurt, nimmt die in der Architektur angelegte Idee elegant auf. Wie auf einer DNS-Doppelhelix kreisen die Ringe in der Nacht. Aber auch an eine schnelle Teller-Jonglage im farbigen Scheinwerfer einer abgedunkelten Varietébühne wird man erinnert. Eine kleine elektronische Steuereinheit übersetzt die Drehungen des obersten Rades in ständig wechselnde Farbverläufe.

Das aktuelle Tagesklima, die Windstärke und Windrichtung, findet daher seinen direkten Ausdruck in der Geschwindigkeit und Art der farblichen Änderungen. Ein starker Auftritt für eine schnell wachsende Stadt mitten in der Region. Daraus kann ein unverwechselbares Wahrzeichen für die Stadt werden.

Auch finanziell ist der Turm ein regionales Gemeinschaftsprojekt. Die Flughafen Frankfurt AG und das Land Hessen übernehmen dankenswerterweise jeweils rund 200.000 Mark. Den Rest der Baukosten teilen sich der Umlandverband Frankfurt und die Stadt Dietzenbach. Für die künstlerische Beleuchtung des Objekts wird noch ein Sponsor gesucht.

Ungewöhnlich auch die erfolgreiche Zusammenarbeit mit der Turngemeinde Dietzenbach auf dem Wingertsberg. Auf der Suche nach einem Grundstück hat die Turngemeinde sofort die Chancen in diesem Ballett der Bewegungen erkannt und ihre Zustimmung für die Errichtung des Turms gegeben. Vom Turm aus in 21 Meter Höhe bietet sich in Zukunft ein atemberaubendes Panorama über das gesamte Rhein-Main-Gebiet. Regionalparkbesucher, Spaziergänger und Radfahrer werden dieses attraktive Ziel mit dem Vereinsheim und seiner Gastronomie mit Atmosphäre im Grünen gerne in ihre Tourenplanung aufnehmen.

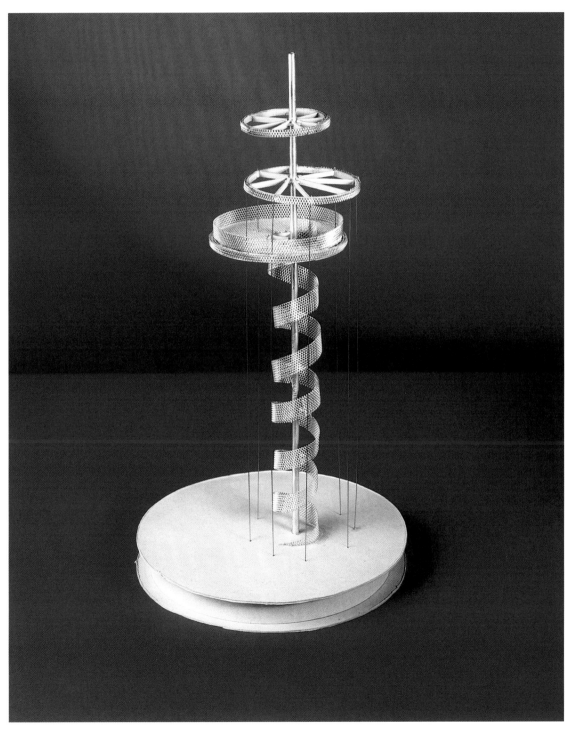

Ballett der Bewegungen
Architekt: Prof. Wolfgang Rang, Frankfurt am Main

Harald Schindler
„Am Pfortenborn" in Hochheim a. M.

Wer von Hochheim am Main aus in den Stadtteil Massenheim kommt, kann sich am Ortseingang zu seiner Linken an der umgestalteten Grünanlage des ehemaligen Pfortenborns erfreuen. In das ansteigende Gelände eingebettet ist die originalgetreue Nachbildung eines bronzenen Brunnens aus dem 19. Jahrhundert, der Quellwasser fördert. In vorbildlicher Eigeninitiative wurde vom Arbeitskreis „Alt Massenheim" die Nachbildung des Brunnens ausschließlich aus Spendengeldern finanziert.

Das Wasser des Brunnens plätschert im Sommerhalbjahr über einen eingefassten Zulauf in ein malerisch nachgestaltetes Bachbett, um am Ende der Grünfläche wieder zu versickern. An die frühere Nutzung als Bleichwiese erinnern die im Boden eingelassenen Motivplatten von Wäschestücken; auch der Eber hat seine Spuren hinterlassen.

Von dieser unteren Ebene der Anlage führt eine Naturtreppe entlang des eindrucksvollen Rosenhangs zur oberen Ebene. Hier wird mit der Pflanzung einer Streuobstwiese der Bezug zur ehemaligen Landschaftsnutzung aufgenommen und durch die attraktive Gestaltung mit verschiedenen Sitzgelegenheiten zum Verweilen und Erholen eingeladen. Ein weinberankter Sitzplatz unter einer Pergola inmitten der Streuobstwiese gewährt einen schönen Ausblick in das Wickerbachtal.

Das Projekt vereint die Aufwertung einer eher verwaisten Grünfläche mit der Einbindung der Massenheimer Bevölkerung in das Wiedererlebbarmachen der historischen Bedeutung der Fläche.

Neben der Spende, die der Arbeitskreis „Alt Massenheim" aus der Bevölkerung in Höhe von 35.000 Mark für die Rekonstruktion des Brunnens erzielt hat, wurde eine Sitzbank vom ortsansässigen Landfrauenverein gespendet.

Als Spenden für das Gesamtprojekt wurden 200.000 Mark von der Flughafen AG sowie 75.000 Mark vom Land Hessen übergeben.

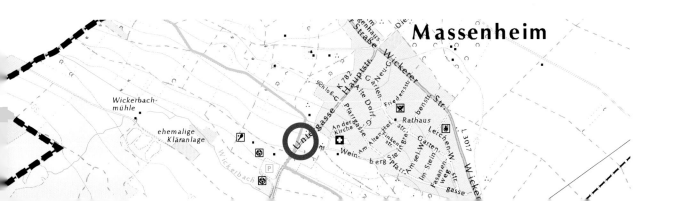

Landschaftsarchitekt:
Günter Rademacher, Bad Soden a. Ts.

Hans Franssen
Rosarium in Hattersheim a. M.

Eine der ersten Attraktionen im Regionalpark war das Rosarium. Malerisch in Rosenfelder eingebettet liegt es zwischen Okriftel und dem Wasserwerkswald mit seiner eindrucksvollen Lindenallee. 1997 wurde es eingeweiht, und mehr als 6500 Rosenpflanzen erfreuen die Besucher, die hier einen Ort der Muße und Erholung finden. Zugleich ist das Rosarium aber auch ein Ort der Erinnerung an eine bedeutende Tradition. „Stadt der Rosen" wurde Hattersheim einst genannt. Vor gut hundert Jahren begründeten mehrere Gärtnerbetriebe die Tradition des Rosenanbaus. Es ist noch nicht so lange her, dass Schnittrosen von hier über den Frankfurter Großmarkt nach ganz Europa ausgeliefert wurden. In dieser Tradition steht das Rosarium, in dem heute wohlgeordnet über 100 verschiedene, besonders widerstandsfähige Sorten angepflanzt sind.

Die kostenlose Bewässerung wird durch nahe Brunnen der Stadtwerke Frankfurt sichergestellt. Große Aufmerksamkeit genießen die beiden alten, in Hattersheim gezüchteten Rosen „Grete Greul" und „Wilhelm Kauth" sowie die Neuzüchtung einer Apfelrosensorte, die auf den Namen „Rosarium Hattersheim" getauft worden ist. Zahllose Spaziergänger und Besucher von Veranstaltungen beweisen, dass der romantische Rosengarten von der Öffentlichkeit angenommen wird. Die Regionalpark GmbH organisiert Führungen, das KulturForum veranstaltet Serenadenkonzerte, und unter der großen Holzpyramide finden Gottesdienste und Kindstaufen statt.

Kultur und Geschichte sowie Flora und Fauna verbinden sich im Rosarium auf einzigartige Weise. Zwischen Beeten, Rankbögen und Bassins mit Wasserpflanzen leben Libellen, Frösche und Fische – und in diesem Sommer hat ein Blesshuhnpaar hier seine Jungen aufgezogen.

Landschaftsarchitekten:
Hanke, Kappes, Heide, Sulzbach

Friedhelm Blume
Nussbaumquartier in Hattersheim a. M.

Parkanlagen

1997 wurden Versuchsfelder der ehemaligen Hoechst AG in ein zwölf Hektar großes, weitläufiges Wiesengelände umgestaltet, das von Feldholzinseln und Baumgruppen gegliedert wird. Die Planungsvision ist dem Bild eines englischen Landschaftsgartens mit Gehölzgruppen und stattlichen Einzelbäumen entliehen, die die weiten Wiesen gliedern und Blickachsen zulassen.

Das Nussbaumquartier befindet sich am höchsten Punkt des nach Süden und Westen abfallenden Geländes und liegt in Verlängerung der „Speierlingallee", die über 700 Meter Länge, von Hattersheim kommend, auf diesen Platz mündet. In dieser Achse steht eine drei Meter hohe Rabenskulptur des Flörsheimer Künstlers Thomas Reinelt. Der bastionsartig von Natursteinmauern eingefasste Platz, der von 28 Walnussbäumen beschirmt wird, bietet einen schönen Ausblick. Die Besonderheit dabei ist: Die Walnussbäume wurden gespendet und in einer gemeinsamen Pflanzaktion von den Spendern eigenhändig gepflanzt. An jedem Spenderbaum sind auf Metallfahnen die Namen eingraviert.

Die Auswahl der Walnussbäume für den markanten Platz hat einen geschichtlichen Hintergrund. Sie erinnern daran, dass in früheren Zeiten die Bauern dieser Gegend Nussbäume gepflanzt, Nüsse geerntet, auf ihrem Rücken nach Frankfurt auf den Markt gebracht und dort feilgeboten haben. Sie stehen insofern auch als ein Beispiel dafür, dass Direktvermarktung früher eine Selbstverständlichkeit war; niemand dachte daran, Nüsse über hunderte von Kilometern aus fernen Gegenden zu importieren.

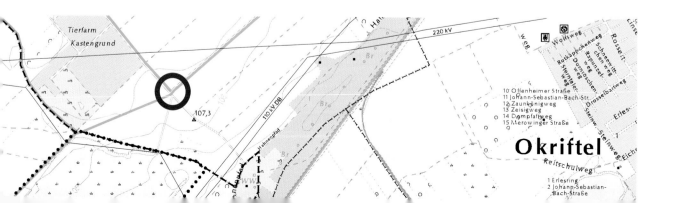

Landschaftsarchitekten: Hanke, Kappes, Heide, Sulzbach
Künstler: Thomas Reinelt, Flörsheim

Jürgen Heyer
Geschichtspfad in Dietzenbach

Der „Geschichtspfad Dietzenbach", wie er von dem Frankfurter Landschaftsarchitekten Wilfried Baumgartner konzipiert und gestaltet wurde, dürfte eine attraktive Besonderheit auf der Regionalparkroute des Umlandverbandes sein, auf die wir schon heute sehr stolz sind und die beim Hessentag 2001 in Dietzenbach sicher das Interesse zahlreicher auswärtiger Besucher finden wird.

Doch wozu ein Geschichtspfad ausgerechnet in Dietzenbach? Das heutige Dietzenbach ist kein über Jahrhunderte organisch gewachsenes Gemeinwesen. Das einstige Dorf im Wiesengrund hat in den letzten 50 Jahren eine rasante Siedlungsentwicklung durchgemacht und ist heute eine dynamische – und immer noch wachsende – Kleinstadt mit über 34.000 Einwohnern. Davon ist die große Mehrheit aus allen Teilen Deutschlands hierher gezogen, und fast ein Drittel der Bevölkerung stammt aus mehr als 100 verschiedenen Nationen. Das bedeutet aber auch, dass die alteingesessenen Familien, die in Dietzenbach ihre verwandtschaftlichen und geschichtlichen Wurzeln haben, nur noch einen kleinen Bruchteil der hier lebenden Menschen ausmachen.

Bei den vielen tausend Berufspendlern, die Dietzenbach tagtäglich durchqueren und die kaum mehr als die Hochhaus-Silhouette und die überlasteten Durchgangsstraßen kennen, dürfte die Meinung vorherrschen, Dietzenbach sei eine Stadt aus der Retorte – gesichts- und geschichtslos.

Der Geschichtspfad will das Gegenteil deutlich machen und zeigen, dass die Dietzenbacher Gemarkung seit Jahrtausenden beliebter Siedlungsplatz für Menschen aller Epochen war und dass die Stadt eine bewegte und interessante Vergangenheit hinter sich hat.

Dazu trägt der Standort der parkartig gestalteten Anlage bei. In unmittelbarer Nachbarschaft der archäologischen Grabungsstätte „Russenhütte", in der zahlreiche Brandgräber aus der späten Bronze- und frühen Eisenzeit (zirka 1000 v. Chr.) gefunden wurden, kann sich der Besucher auf eine Zeitreise durch Dietzenbachs Geschichte begeben.

An verschiedenen Stationen des Geschichtspfades werden die wichtigsten Ereignisse in der Geschichte des Ortes dargestellt und mit kurzen Informationstexten erläutert. So wird beispielsweise die erste urkundliche Erwähnung Dietzenbachs um das Jahr 1220 durch ein in Stein gehauenes aufgebrochenes Ei symbolisiert. Die Verwüstung Dietzenbachs durch Pest und Brandschatzung im Dreißigjährigen Krieg wird durch ruinenartige Mauerreste und verkohlte Bäume dargestellt, den Eisenbahnanschluss im Jahre 1898 versinnbildlichen Bahngleise auf einem Schotterbett.

Die Zeitreise auf dem Geschichtspfad soll auf die Dietzenbacher Geschichte neugierig machen und zur vertiefenden Beschäftigung mit ihr anregen – und auf diese Weise auch einen Betrag zur Identifikation mit der Stadt leisten, in der man lebt.

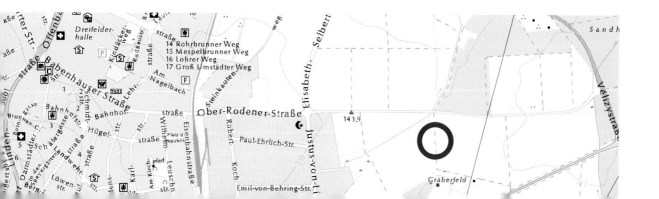

Geschichtspfad 1000 v. Chr.
Landschaftsarchitekten: Beuerlein und Baumgartner, Frankfurt am Main

Geschichtspfad Dreißigjähriger Krieg
Landschaftsarchitekten: Beuerlein und Baumgartner, Frankfurt am Main

Ernst Peter Layer
„Vom Sainer zur Horlache" in Rüsselsheim

Die Siedlungs- und Gewerbeflächen der Städte Raunheim und Rüsselsheim haben sich in den letzten Jahrzehnten stark vergrößert. Die Städte sind fast zusammengewachsen. Nur ein Rest an landwirtschaftlicher Fläche von etwa 500 Metern ist übrig. Das Regionalparkprojekt war geradezu prädestiniert, diese Fläche als Erholungsraum aufzuwerten und damit langfristig zu sichern. Da zum anderen eine Wegeverbindung in der freien Landschaft vom Horlachegraben zum Mainvorland bislang nicht vorhanden war, schließt der neue Regionalparkweg auch damit eine wichtige Lücke.

Die Planung des Regionalparkabschnitts wurde 1998 begonnen und im Jahr 2000 ausgeführt. Die Gestaltung nimmt die natürlichen Bedingungen auf. Der Bereich war noch im letzten Jahrhundert eine von Altmainarmen geprägte feuchte Niederung. Deshalb wurde auf einer Breite von 50 Metern ein geschwungener wassergebundener Weg gebaut und mit einer Eschenallee bepflanzt. Kleine Mulden wurden angelegt und die Wiesenbereiche sind durch flach ausgezogene, geschwungene Wälle gefasst, um an den Ursprung der Landschaft zu erinnern. Kleine Rastplätze runden den neu gestalteten parkartigen Bereich ab. Es ist die einzige Allee in Rüsselsheim, die großzügig zwischen den beiden Städten zum Main beziehungsweise Horlachegraben führt.

In den Wiesen wurden viele zum Verwildern geeignete Blumenzwiebeln gepflanzt, um auch im zeitigen Frühjahr die Boten des Frühlings zu präsentieren. In der Mitte der neuen Parkanlage an einer Wegekreuzung befindet sich ein von dem lokalen Künstler Uwe Wenzel entworfenes und ausgeführtes Kunstobjekt, das mit den Gesetzen der Perspektive spielt.

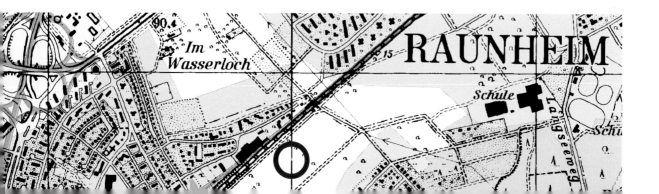

Licht und Schatten und die Grenzen der Perspektive
Landschaftsarchitekt: Ralf Knöß, Rüsselsheim
Künstler: Uwe Wenzel, Rüsselsheim

Eva-Maria Hinrichs
Schwanheimer Düne in Frankfurt a. M.

„Den Sinnen eine Landschaft geben", dieses Motto passt besonders gut zum Bohlenweg in der Schwanheimer Düne. Das Naturschutzgebiet ist eines der reizvollsten Gebiete im Frankfurter GrünGürtel. Im Südwesten Frankfurts, im so genannten Schwanheimer Unterfeld, liegt die große Binnendüne, die nach der letzten Eiszeit durch Auswehung von Sanden aus dem Flussbett des Mains entstand.

Das Gebiet hat einen sehr eigenen Charakter. Offene Sandflächen, bizarr gewachsene Gehölze und karger Bewuchs wecken je nach Jahreszeit Assoziationen an nördliche oder südliche Meeresküsten. Zahlreiche seltene Pflanzen- und Tierarten geben dem Gebiet eine außerordentlich hohe Bedeutung für den Naturschutz.

Durch den Bau des Bohlenwegs haben Besucherinnen und Besucher die Möglichkeit, die Natur mit ihren Reizen kennen zu lernen, ohne die sensible Pflanzen- und Tierwelt unnötig zu stören. Besucherlenkung ist das Stichwort. Der Bohlenweg animiert dazu, auf dem Weg zu bleiben und nicht kreuz und quer durch das Gebiet zu spazieren oder gar zu fahren. Der Blick der Erholungsuchenden wird bewusst auf die Schönheit der Natur gelenkt, die Natur wird zum Erlebnis. Unterstützt wird dieser Ansatz durch Erläuterungstafeln, die an besonderen Punkten entlang des Bohlenwegs aufgestellt wurden.

Der Bohlenweg durch die Schwanheimer Düne wurde schon vor Jahren vom ortsansässigen BUND vorgeschlagen und von der Projektgruppe GrünGürtel im Rahmen ihrer Planung wieder aufgegriffen und umgesetzt. Durch die Unterstützung der Regionalpark Rhein-Main SÜDWEST GmbH konnte die Maßnahme verwirklicht werden.

Eine Düne aus der Eiszeit

Wolfgang Knoll
Naturschutzgebiet Weilbacher Kiesgruben in Flörsheim a. M.

Naturschutz

Einen wichtigen Baustein im Regionalparkkonzept stellte von Anfang an die Weilbacher Kiesgrubenlandschaft dar.

Für diese in den 60er und 70er durch Kiesabbau, wilde und Mülldeponien und Motocrossgelände großflächig zerstörte Landschaft leitete die GRKW Anfang der 80er Jahre die Rekultivierung ein. Hierbei fanden Aspekte des Naturschutzes, des Naturerlebens und der Naherholung neben landwirtschaftlicher Nutzung, geordnetem Kiesabbau und Wiederverfüllung mit unbelastetem Erdaushub Berücksichtigung. Das Naturschutzhaus Weilbacher Kiesgruben, ein regionales Umweltzentrum, ist seit 1991 Bestandteil des Konzepts.

Die Gesamtfläche der Weilbacher Kiesgruben beträgt 150 Hektar, davon sind 60 Hektar als Naturschutzgebiet ausgewiesen und zirka 25 Hektar stehen derzeit für die Naherholung inklusive Naturlehrgebiet zur Verfügung.

Im Naturschutzgebiet befindet sich die größte Kiesgrube des Geländes und davon im tiefsten Bereich ein Grundwassersee der Wasserschutzzone 2. Diese große Wasserfläche dient dem in direkter Nachbarschaft liegenden Wasserwerk Hattersheim-Okriftel als Trinkwasserreservoir. An den Grenzen entlang des Naturschutzgebiets führt ein Rundweg mit fünf Aussichtstürmen, von denen Spaziergänger die Möglichkeit haben, in diese große Ruhezone einzusehen.

Trocken und nass auf engstem Gebiet nebeneinander, das ist das Geheimnis der enorm großen Artenvielfalt in dieser ehemaligen Kiesgrube. Trockenes, karges Ödland befindet sich unmittelbar neben Tümpeln, Sumpfgebieten und einem Baggersee. Lebensraumspezialisten, die in der vielfach genutzten Kulturlandschaft kaum Überlebensmöglichkeiten haben, finden hier eine neue Chance.

Neben Lurchen, Kriechtieren, Schmetterlingen und anderen Insekten haben bedrohte Vogelarten wie zum Beispiel der Flussregenpfeifer, der Steinschmätzer und einige Wattvögel hier einen geeigneten Lebensraum gefunden.

Auf den großen und kleinen Wasserflächen finden durchziehende Wasservögel wie Reiherente, Tafelente oder Haubentaucher einen Rastplatz. In den unterschiedlich strukturierten Gewässern haben sich wieder 26 von 29 im Kreisgebiet vorkommenden Libellenarten eingefunden.

Die trockenwarmen Böschungen sind für Insekten besonders interessant, die ansonsten ihr Hauptverbreitungsgebiet nur südlich der Alpen haben.

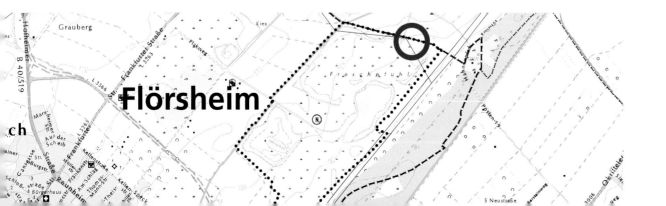

Eine Landschaft für bedrohte Tiere

Friedhelm Blume
Fischtreppe in Hattersheim a. M.

Der Schwarzbach entspringt im Taunus und führt die Niederschlagswässer dem Main zu. In früherer Zeit wurde die Wasserkraft genutzt, um Mühlen anzutreiben. Dazu wurden Wehre angelegt, von denen der Mühlgraben mit deutlich geringerem Gefälle bis zur Mühle führte, um dort das Mühlrad anzutreiben. Ein solches Wehr liegt etwa 700 Meter von der Schwarzbachmündung entfernt in Hattersheim-Okriftel. Für Fische, die in den Schwarzbach zum Ablaichen schwimmen, stellt dieses Wehr mit 1,80 Meter Höhenunterschied ein unüberwindliches Hindernis dar. Andererseits ist dieser kleine Wasserfall ein Attraktionspunkt, an dem Spaziergänger und Radfahrer gerne verweilen.

Diese Ausgangslage war Grund für die Regionalpark RheinMain GmbH, einen lang gehegten Wunsch von Anglern und Naturschützern zu erfüllen. Zur Überwindung des Wehrs wurde ein 120 Meter langer Umleitungsgraben, eine so genannte Fischaufstiegsrinne, angelegt. Nun können die im Schwarzbach vorkommenden Fischarten wie Aale, Bachforellen, Barsche, Barben, Brassen, Giebel, Gründlinge, Hasel, Plötze, Regenbogenforellen und Ukeleien ihrem naturgegebenen Trieb zu den bachaufwärts liegenden Laichplätzen folgen. Eine Stillwasserzone erfüllt sowohl den Zweck eines Ruhebereichs als auch eines Laichplatzes.

Möglich wurde diese Gestaltungsmaßnahme nicht zuletzt deshalb, weil durch den Bau von Kläranlagen die Wasserqualität deutlich verbessert wurde. Während der Schwarzbach in den 50er Jahren noch zu den am höchsten abwasserbelasteten Zuflüssen des Untermains gehörte, herrscht hier heute Gewässergüte 2, d. h., nur mäßig belastet.

Die Bepflanzung in den Uferbereichen erfolgte mit heimischen Gehölzen wie Schwarzerlen, Hartriegel und Strauchweiden. Außerdem wurden Initialpflanzungen für Schilf- und Röhrichtbereiche eingesetzt. Mit diesen Maßnahmen wird nicht nur die Gewässerökologie verbessert, sondern auch das Landschaftsbild interessanter gemacht. Deshalb wurde auf der begehbaren Uferseite ein vorhandener Sitzplatz zu einer kleinen Aussichtsbastion, der von einer niedrigen Natursteinmauer umgeben ist, umgestaltet.

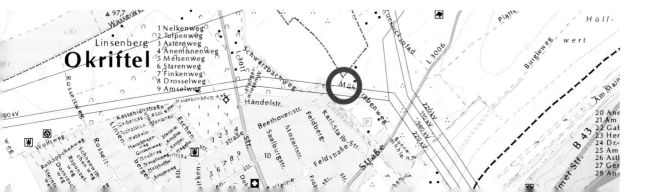

Landschaftsarchitekten: Hanke, Kappes, Heide, Sulzbach

Friedhelm Blume
Steg und Feuchtwiese an der Wiesenmühle in Flörsheim a. M.

Die Wickerbachaue ist in dem Abschnitt zwischen Weidenmühle, Wiesenmühle sowie Obermühle mit ihren großflächigen Wiesenarealen ein wichtiger Überschwemmraum für meist nur kurzfristig, aber gleichwohl heftig auftretende Hochwasserereignisse des Wickerbachs. Solche Wiesenareale werden aus naturschutzfachlicher Sicht als sehr wertvoll eingestuft, da sie im natürlichen ungestörten Zustand ein wichtiger Lebensraum für inzwischen selten gewordene Pflanzen- und Tierarten sind.

Die landwirtschaftliche Nutzung als Heuwiesen sowie störende Einflüsse, insbesondere durch diverse Freizeitnutzungen, beeinträchtigen solche ursprünglich sehr hochwertigen Lebensräume zum Teil ganz erheblich. In dem hier beschriebenen Bereich wurden Gräben zur Trockenlegung der Wiesen angelegt. Störungen gehen insbesondere von ausgeführten Hunden, die das Niederwild und bodenbrütende Vögel aufstöbern, aus.

Die Regionalpark RheinMain GmbH hat ein fast sechs Hektar großes Wiesenareal im Bereich der Wiesenmühle mit der Absicht erworben, durch gezieltes Einleiten von Wasser des angrenzenden Landwehrgrabens und einer flächenhaften Versickerung die Wiese den ursprünglichen hydrologischen Verhältnissen wieder anzunähern. Dadurch entsteht ein Lebensraum, der die Voraussetzungen bietet, dass sich Vogelarten wie Kiebitz, Bekassine, Graureiher und möglicherweise sogar der Weißstorch wieder ansiedeln.

Die Erschließung dieses Wiesenareals erfolgt über einen Holzsteg, der auf 100 Meter Länge am Rande der Wiese 60 Zentimeter über dem Gelände verläuft. Ein Verlassen des Stegs wird durch die gezielte Vernässung erschwert.

Landschaftsarchitekt: Günter Rademacher, Bad Soden a. Ts.

Bernhard Brehl
Naherholungsgebiet Mörfelden-Ost

Das Naherholungsgebiet Mörfelden-Ost erstreckt sich im Norden vom Erlebnispfad Wald am Forsthaus bis zum Bornbruchsee im Süden. Charakteristisch sind das Nebeneinander von Waldwegen, Streuobstwiesen, dem Deponieberg, mehreren Seen (Oberwaldsee, Schnepfensee, Tränkweiher), landwirtschaftlichen Flächen und einem Gewerbegebiet mit moderner Architektur ein reizvoller Kontrast. Vom Deponiegipfel bietet sich ein weiter Blick über das gesamte Rhein-Main-Gebiet.

Zur Erhöhung der Attraktivität für Besucher und der ökologischen Aufwertung wurden zunächst im Deponie-Umfeld zwei Amphibienteiche angelegt, Feldgehölze und Einzelbäume gepflanzt sowie Aufenthaltsmöglichkeiten mit Info-Tafeln integriert. Derzeit wird eine Querungshilfe auf der viel befahrenen B 486 gebaut: mehr Sicherheit für Radfahrer und Fußgänger. Am Schnepfensee ermöglicht künftig eine Aussichtsplattform einen freien Blick auf den landschaftlich reizvollen See.

Einen zentralen und heute bereits markanten Punkt des geplanten Naherholungsgebiets bildet das ehemalige Deponiegelände östlich von Mörfelden. Ab etwa 1954 wurde Kies ausgebeutet, danach wurde mit Erdaushub verfüllt. Nach Mitte der 50er Jahre nutzten die Städte Mörfelden und Walldorf das Gelände als gemeinsame Abfall-Ablagerungsstätte.

1971 wurde 18 Hektar zur Kreis-Deponie des Kreises Groß-Gerau. Die weitere Verfüllung erfolgte bis 1990 in Form von zwei Hügeln, mit 45 Metern die höchste Erhebung im Kreis Groß-Gerau. Ab 1990 wurde die Deponie-Oberfläche abgedichtet. Die Gase werden gesammelt und verstromt. Die Begrünung der Deponieoberfläche mit einheimischen Hecken, Sträuchern und der Einsaat einer Kräuter-Wiesenmischung erfolgte bis 1996 zu einem ökologisch interessanten Biotop. Das alte Deponiegelände steht wegen der technischen Anlagen zur Gasverwertung und der noch jungen Bepflanzung derzeit für die dauernde öffentliche Zugänglichkeit noch nicht zur Verfügung. Im Naherholungsgebiet Mörfelden-Ost ist ein „Erlebnispfad Gewässer" in Planung.

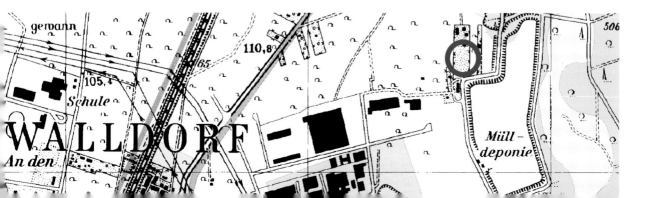

Landschaftsarchitekt: Ralf Knöß, Rüsselsheim

Lorenz Rautenstrauch
Steg am Staudenweiher in Kelsterbach

Naturschutz

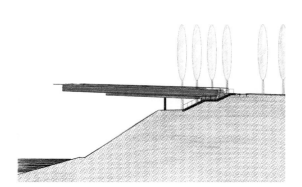

Ziel des Regionalparkprojekts ist es, Erlebnislinien in der Landschaft und Verbindungen zu schaffen, Verknüpfungen auch zwischen vorhandenen, oft versteckten, schönen Orten in der Landschaft zu initiieren, die im Bewusstsein der Menschen nicht präsent sind.

Ein solcher Ort ist der Staudenweiher im Süden der Stadt Kelsterbach, eine ehemalige, im Laufe der Jahre mit hohen Bäumen umwachsene Kiesgrube. Der Weiher liegt kaum 100 Meter entfernt vom Südpark, einer sorgfältig gepflegten und gern aufgesuchten öffentlichen Grünanlage. Der Wasserspiegel des Staudenweihers liegt tief, eine Straße, ein Bahngleis trennen ihn von dem Südpark. Die Spaziergänger im Südpark nehmen den Weiher nicht wahr. Angler nutzen ihn, Spaziergänger sind selten. Der Regionalpark in Kelsterbach nimmt den Südpark und den Staudenweiher auf und bindet sie in eine Route rings um die Stadt ein.

Das Projekt „Steg am Staudenweiher" schafft eine Verbindung zwischen Park und Weiher über die Straße und das Geleis hinweg. Baumreihen betonen den Zusammenhang. Der Steg ist eine kühne Konstruktion aus Holz mit weiter Auskragung und knappem Fundament. Er liegt in gleicher Höhe wie der Park und damit hoch über dem Wasserspiegel des Teichs. Er öffnet den Blick über den See. Der vorhandene Weg um den See wird angebunden. Der Eingriff in die sensible Ökologie ist minimiert, die Angler werden nicht vertrieben und den Spaziergängern wird ein schöner Ort vorgeführt.

Architekt: Prof. Wolfgang Rang, Frankfurt am Main

Dieter Wolf
Kalkbrennöfen in Flörsheim a. M.

Als eindrucksvolle Zeugen aus vorindustrieller Zeit präsentieren sich die historischen Kalkbrennöfen dort, wo der Regionalparkweg die Straße zwischen Flörsheim und Hochheim unterquert. Die industriegeschichtlich interessante Anlage, die für viele Flörsheimer Häuser den Kalkputz geliefert hat, wurde 1997 bis 1998 von der Regionalpark RheinMain GmbH freigelegt und im vorgefundenen Originalzustand konserviert. Eine moderne, begehbare Dachkonstruktion aus Glas und Stahl macht es heute möglich, die Anlage von derselben oberen Ebene zu erleben, die die Kalkbrenner seinerzeit beim Befüllen und Entleeren benutzten. Gleichzeitig schützt die Konstruktion die Reste der drei noch in ursprünglicher Form erhaltenen Brennkammern. Hier wurde vermutlich schon zu Römerzeiten Kalkstein abgebaut und gebrannt.

Wegen der starken Rauchentwicklung wurden die Kalkbrennöfen außerhalb des Ortes angelegt. Von dickem Mauerwerk umgeben und nach oben offen, besaßen die Öfen einen inneren Durchmesser von bis zu vier Meter und eine Höhe von drei bis vier Meter. Kalkstein und Kohle mussten mühsam herbeigeschafft und von oben schichtweise in die Öfen eingefüllt werden. Um dem kohlensauren Kalk durch Erhitzen Wasser und Kohlensäure entziehen zu können, war es nötig, die Öfen Tag und Nacht zu befeuern. Wenn der Prozess des Brennens nach drei bis vier Tagen abgeschlossen war, wurde bei der anschließenden Leerung der Kalk sortiert, wobei die Maler und Verputzer Wert auf weich gebrannte Kalkarten legten, die Maurer dagegen erhoben geringere Ansprüche.

Ein erster Hinweis auf Kalkbrennöfen in Flörsheim findet sich für das Jahr 1589; in den heute noch erhaltenen Öfen wurde wahrscheinlich um 1740 zum ersten Mal Kalk gebrannt. Die Steinbrüche für den Kalkstein befanden sich am Unterlauf des Wickerbachs, dem industriellen Herzen Flörsheims.

Die Öfen sind die einzigen in diesem Erhaltungszustand übrig gebliebenen Kalkbrennöfen in Hessen und sind als Industriedenkmal sowohl ein Stück Handwerksgeschichte als auch Ortsgeschichte.

Eine über die Kalkbrennöfen gelegte Konstruktion aus Stahl ermöglicht Besuchern den Blick von oben in die Öfen hinein.

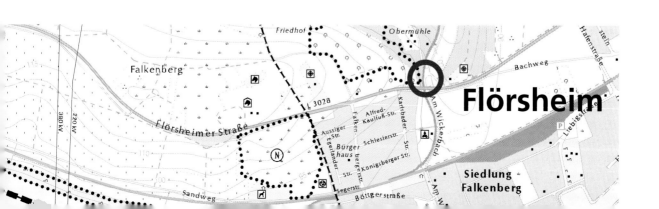

Ein Industriedenkmal,
historische Kalkbrennöfen
Planergruppe: Hytreck, Weyell u. Weyell, Flörsheim a. M.

Friedhelm Blume
Farbrührer der Firma Hoechst in Hattersheim a. M.

Die Industrie früherer Epochen stellt in unserer Zeit
ein Kulturgut dar. Fabriken prägten ganze Regionen
und sind Bestandteil regionaler Identität. Industrielle
Arbeitsplätze bestimmten in den vergangenen Jahr-
zehnten weitgehend das Leben der Bevölkerung. Die
Hoechst AG hat nicht nur auf dem Werksgelände,
sondern weit darüber hinaus in der Region Rhein-
Main tiefe Spuren hinterlassen. Die Belegschaft des
Werks siedelte sich sowohl in der näheren als auch in
der weiteren Umgebung an. Noch heute leben in der
Stadt Hattersheim viele ehemalige Mitarbeiter der
Hoechst AG, so genannte Rotfabriker.

Mit der Aufsplitterung des Konzerns in 22 eigenständige Chemie- und Serviceunternehmen und der Fusi-
on von Hoechst mit Rhône-Poulenc fiel auch der bisherige Firmenname einschließlich dem weltbekann-
ten Logo weg. Der neue Konzern heißt nun Aventis
mit Sitz in Straßburg. Vielen ehemaligen Rotfabrikern
wurden damit die Wurzeln ihres früheren Berufsleben
entzogen.

Diese Geschichte und die damit verbundenen persön-
lichen Schicksale sollten auch im Regionalpark Rhein-
Main Beachtung finden. In Ortsrandnähe von Hattersheim wird im „Obstbaumrondell" ein Farbrühr-
bottich aus dem Werk Hoechst aufgestellt. Zusammen mit drei Rührpaddeln, die diese Installation
ergänzen, steht der Farbrührer als Symbol und in
Erinnerung an die bewegte Firmengeschichte, die mit
der Produktion von Farben 1865 als „Teerfarbenfa-
brik Meister, Lucius & Co." begann.

Lorenz Rautenstrauch
Die Sachsenhäuser Landwehr und die Kasteler Landwehr

Die Landwehren waren Befestigungsanlagen, mit denen die regierenden Fürsten und freien Städte im späten Mittelalter ihre Territorien schützten und gleichzeitig den Verkehr in feste Bahnen lenkten, um Zölle zu kassieren. Im Rhein-Main-Gebiet gibt es Reste einer ganzen Reihe von unterschiedlichen Landwehren, die sehr häufig auf heute noch gültigen Gemarkungsgrenzen liegen.

Die Landwehren bestanden aus Wall und einem oder mehreren Gräben und waren mit dichten Hecken („Gebück") bepflanzt. Die wichtigsten Durchgänge wurden durch sog. Warten gesichert.

Nach heutigen Maßstäben waren die Wälle und Gräben sehr bescheidene Anlagen. Sie wurden häufig in Fronarbeit von der ansässigen und zahlenmäßig meist geringen Bevölkerung gebaut. Im Zusammenhang mit der Regionalparkroute wurden in Flörsheim und Hochheim an zwei Stellen kurze Abschnitte der ehemaligen „Kasteler Landwehr" rekonstruiert, die der Mainzer Kurfürst Berthold von Henneberg 1484 zusammen mit mehreren Warten zum Schutz der Dörfer Kastel, Kostheim, Hochheim und Flörsheim bauen ließ.

Die Sachsenhäuser Landwehr wurde nach einem Beschluss des Rates der Stadt aus dem Jahr 1393 als Teil der rings um die Stadt reichenden Frankfurter Landwehr von der Frankfurter Bürgerschaft gebaut. Die Frankfurter Landwehr war eine Reaktion auf die Niederlage der Stadt in der Schlacht bei Kronberg und anschließend bei Eschborn im Jahre 1389.

Landwehrgraben Sachsenhausen

Landwehrgraben Flörsheim

Friedhelm Blume
Anna-Kapelle in Flörsheim a. M.

Historisches

Die St. Anna-Kapelle befindet sich im Bereich der Wiesenmühle an der oberen Kante des zum Wickerbach abfallenden Steilhangs. Sie ist ein schlichter, etwa drei mal drei Meter großer Bau, der 1715 als Kapelle der Wiesenmühle von dem Müller Hans-Jacob Kiefer aus dem anstehenden Kalkstein errichtet wurde. 1724 erwarb der Mainzer Weihbischof Johann Edmund Gedult zu Jungenfeld die Wiesenmühle samt Kapelle für 5000 Gulden. Die Besitzer der heutigen Gaststätte Wiesenmühle sind immer noch Eigentümer der St. Anna-Kapelle.
In der Kapelle befindet sich eine Kopie des Bildnisses der Heiligen Anna, das mit einer Reliquie versehen ist.

Der Regionalpark hat die historische Kapelle, die an exponierter Stelle idyllisch mitten in der Flörsheimer Schweiz gelegen ist, in das Konzept einbezogen. Hier führt eine Wegeverbindung von der Flörsheimer Warte kommend in Richtung der Alten Kalkbrennöfen im Flörsheimer Stadtteil Falkenberg/Keramag. Direkt an der St. Anna-Kapelle zweigt eine weitere Wegeführung ab, die an der Gaststätte Wiesenmühle vorbei entlang des historischen Landwehrgrabens in Richtung Hochheim verläuft. Die Regionalpark Rhein-Main GmbH ließ im Rahmen der Gestaltungsmaßnahmen eine Treppenanlage von der Wiesenmühle den steilen Hang hinauf zur St. Anna-Kapelle bauen. Um die Kapelle herum wurde ein Platz aus Basaltpflaster angelegt, der hangseitig von einer Kalksteinmauer begrenzt wird und zum südöstlich gelegenen Hochplateau durch einen Hain aus Mispelbäumen eingefasst wird.

St. Anna-Kapelle

Dirk-Oliver Quilling
Bansamühle in Neu-Isenburg

Die Bansamühle war zur Zeit der Gründung Neu-Isenburgs das einzige repräsentative Gebäude neben dem 1702 errichteten, aber 1876 abgerissenen Hugenottenrathaus. Das begründet ihren ortshistorischen Rang, obwohl die Mühle heute nur noch in einer rekonstruierten Form erhalten ist.

Andreas Löber, der Planer des Idealstadt-Grundrisses von Neu-Isenburg, hatte sie 1705 als Wassermühle erbaut. Gespeist wurde sie vom Luderbach. Der führte jedoch immer weniger Wasser, so dass der Mühlenbetrieb nur nach starken Regenfällen möglich war. Im Volksmund wurde sie deshalb auch Blitz- und Donnermühle genannt.

1766 verkaufte die Witwe Schönemann, geborene d'Orville, die Mühle an die Frankfurter Bankkaufleute Johann Conrad und Johann Matthias Bansa, die sie als Landsitz nutzten. Über hundert Jahre war sie Teil des gesellschaftlichen Lebens der Stadt Frankfurt.

1998 wurde das unmittelbare Umfeld des Gebäudes neu gestaltet und für die Öffentlichkeit zugänglich gemacht. Dabei wurden Planungselemente des barocken Gartens wie Symmetrie, Pavillon, Grünwald, Wasserspiel und Beete in strenger Geometrie aufgegriffen. Verzichtet wurde auf eine historisierende Gestaltung, die den Eindruck der Rekonstruktion eines früheren Zustands erwecken könnte. Denn ein barocker Garten hat nie bestanden. Die spärlichen Quellen deuten vielmehr darauf hin, dass es sich auch in der Zeit, als das Anwesen von der Familie Bansa als Landhaus genutzt wurde, um ein landwirtschaftliches Gehöft handelte.

In einem zweiten Bauabschnitt ist geplant, die angrenzende Wiese und den Bereich um den baumumstandenen Teich parkartig auszugestalten. Damit soll ein harmonischer Übergang von der Bansamühle zur freien Landschaft der Erlenbachaue geschaffen werden, so dass dem heutigen Erholungsuchenden vielleicht auch atmosphärisch ein wenig von den Sommertagen vermittelt werden kann, die die Familie Bansa in ihrem Landhaus vor den Toren Frankfurts erlebte.

Ein ehemaliges Landhaus vor den Toren Frankfurts

Lorenz Rautenstrauch
Steine am Panoramaweg in Flörsheim a. M.

Nach dem Vorbild der Bildhauersymposien haben eine Künstlerin und vier Künstler im Sommer 1998 über einen Zeitraum von sechs Wochen auf der Regionalparkroute zwischen den Flörsheimer Ortsteilen Bad Weilbach und Wicker fünf große Steinobjekte geschaffen. Die Bürger hatten die Möglichkeit, mit den Künstlern Gespräche zu führen und ihnen bei der Arbeit zuzusehen. Dabei zu sein, etwas über die Gedanken der Künstler beim Bearbeiten der Steine zu erfahren und zu sehen, dass die Bildhauerei harte Arbeit bedeutet, all dies hat bewirkt, dass das Projekt großen Zuspruch gefunden hat.

Ingrid Hornef aus dem nahe gelegenen Hofheim hat einen roten Sandsteinblock bearbeitet, dem sie den Namen „Schauaufsland" gegeben hat. Gerard Höweler aus Amsterdam hat aus einem sehr harten Gestein den „Steinmantel" geschaffen. Georg Hüter aus Aschaffenburg hat Jura-Kalkstein verwendet und daraus „Stopper, steinerner Sitz und schmale Stele" gemacht. Thomas Link aus Issing bei München hat den „Kreis der Steine, Ost-Stelen" aus Basalt gearbeitet und eine „Klangstele" hinzugefügt. Hubert Maier aus Moosach bei München hat Granit bearbeitet und nennt sein Werk „Himmelsleiter".

Die Steingebilde lassen eine geheimnisvolle Aura um sich entstehen. Kein Stein steht dort zufällig am Weg. Alle reflektieren die Landschaft, in der sie und für die sie entstanden sind. Es geht um Wissen und Empfinden, um Kultur und Natur, um Lärm und Stille, um eiliges Leben und um Ruhe finden.

„Schauaufsland"
Künstlerin: Ingrid Hornef, Hofheim

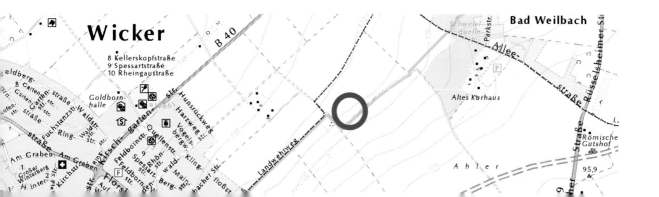

„Steinmantel"
Künstler: Gerard Höweler, Amsterdam

Lorenz Rautenstrauch
Nahtstelle Müll – Fenster zur Deponie in Hochheim a. M.

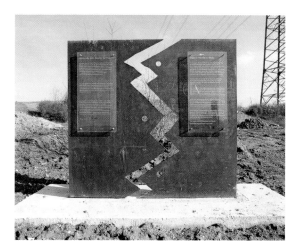

In der Rhein-Main-Region gibt es eine Vielzahl ehemaliger Kiesgruben, die als Deponien genutzt wurden. Man sieht die Löcher nicht mehr, aber Altlasten sind ein alltägliches Problem in der Region geworden. Ein Projekt wie der Regionalpark RheinMain muss das Thema der nicht sichtbaren Gefährdungen der Landschaft aufgreifen, und die künstlerische Installation erscheint das geeignete Medium, um das Thema zu vermitteln. Als Objekt wurde die Deponie Wicker gewählt. Sie zeigt, wie das Problem durch Großtechnik gelöst wird.

Die Regionalparkroute führt über nahezu einen Kilometer am Fuß der Deponie entlang. Vorläufig ist diese Nachbarschaft alles andere als idyllisch. Im Laufe der Zeit jedoch, wenn der Berg der Mülldeponie vollständig aufgefüllt und rekultiviert ist, wird der unbefangene Regionalparkbesucher kaum etwas von Eingriff, Wunde und Gefährdung der Landschaft sehen können. Das ist gut so. Gut ist aber auch, dass das Projekt der Eschborner Künstlerin Romana Menze-Kuhn „Nahtstelle Müll – Fenster zur Deponie" die Harmlosigkeit der Landschaft, die da entsteht, ein wenig relativiert. Zwei Stahlträger umschließen einen Durchgang von 2,50 Meter Breite – dunkel, fast höhlenartig. Ein Ausläufer aus dem Müllberg schiebt sich an die Installation von der einen Seite bis zum Scheitel des Trägers heran. Fenster im Stahlträger zeigen Bilder von den Müllschichten. Auf der anderen Außenseite der Installation ebenfalls eine Erdschüttung bis zum Scheitel des Trägers. Fenster machen auf dieser Seite den natürlichen Aufbau der Erdschichten deutlich. Das Thema Wunde wird durch die gezackten und vernähten oberen Ränder der Stahlträger aufgegriffen.

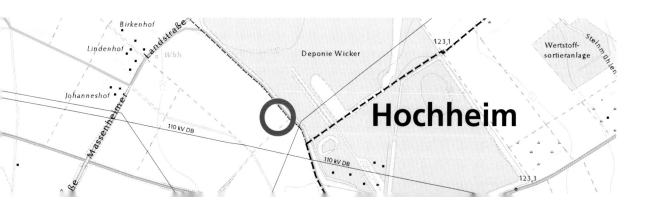

Künstlerin: Romana Menze-Kuhn, Eschborn

Friedhelm Blume
Der Rabe und das Raumbild in Hattersheim

Kunst im Regionalpark

Zu den Gestaltungsmitteln des Regionalparks gehört auch der Einsatz von Kunst beziehungsweise künstlerischen Elementen. Mit den Stilmitteln der Kunst ist es möglich, Akzente zu setzen und die Auseinandersetzung der Besucher mit dem Ort und dem umgebenden Landschaftsraum zu fördern. Damit leistet die Kunst einen wichtigen Beitrag für die Akzeptanz und Identifikation der Menschen mit ihrer Landschaft.

Als erstes Kunstwerk im Regionalpark-Pilotprojektgebiet ließ sich ein Rabe am 07. Mai 1998 im Nussbaumquartier in der Gemarkung Hattersheim nieder. Der Rabe, eine drei Meter hohe Aluminiumskulptur, hat dort seinen Platz auf einem Natursteinsockel eingenommen.

Der Rabe wurde von dem Flörsheimer Grafiker, Maler und Bildhauer Thomas Reinelt geschaffen. Das Kunstwerk vereinigt zwei eng verschmolzene Symbole in sich. Zum einen der aufrecht stehende, alles überragende Rabenvogel, zum anderen die das zweite Bein des Vogels ersetzenden, kristallartig angeordneten geometrischen Formen. Steht die realistisch dargestellte Rabenfigur als Zeichen für den Wert der Natur, so sollen die geometrischen Formen für das menschliche Wirken, das Auf- und Abbauen, das Zusammenfügen und Verbinden stehen; für den Versuch, die Natur zu verdrängen oder zu ersetzen.

Der größere Teil der Skulptur wird von der Tierfigur bestimmt. Ein Hinweis auf das Durchsetzungsvermögen und die Unzerstörbarkeit der Natur. Aber auch eine Ermutigung des Künstlers, die Kräfte der Natur zu erkennen und sich durch diese bestärken zu lassen.

Zum Erwerb dieses Kunstwerks hat die fördernde Mithilfe folgender Sponsoren wesentlich beigetragen: AgrEvo-Höchst, HaWoBau-Hattersheimer Wohnungsbaugesellschaft, InfraServ-Höchst, Ing. Gerd Müller-Hofheim, Kelkheimer Kübeldienst Jürgen Kilb, Mainkraftwerke-Höchst.

Ein weiteres Kunstwerk steht in Hattersheim am Regionalparkweg nahe der S-Bahn-Station jenseits des Steges über den Schwarzbach: das Raumbild des Künsters Hubert Zimmermann – eine gleichermaßen ästhetische wie vergnügliche Installation. Acht auf zwei Ebenen übereinander liegende unterschiedlich große Farbtafeln veranschaulichen auf spielerische Weise die Gesetzmäßigkeiten der Perspektive und die räumliche Wirkung der Farben. Gelb lässt entferntere Teile näher, blau nähere Teile entfernter erscheinen. Das Objekt wurde aus Mitteln des Hessen-Lotto finanziert.

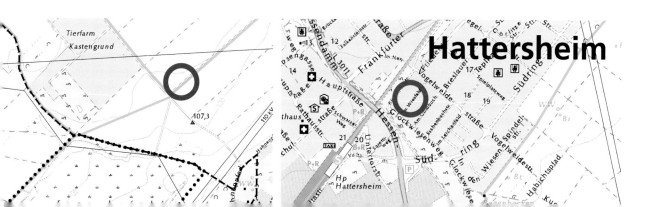

Künstler: Thomas Reinelt, Flörsheim

Künstler: Hubert Zimmermann, Obertreis / Westerwald

Klaus Hoppe
Finlay-Säule an der Goetheruh in Frankfurt a. M.

Mit dem schottischen Künstler Ian Hamilton Finlay ist es gelungen, einen internationalen Meister der Gartenkunst für ein gemeinsames Projekt des Regionalparks und des GrünGürtels zu gewinnen. Er schafft durch seine künstlerische Intervention in der Natur ein neues, kulturell angereichertes Bild, das die „Nur-Natur" zum Landschaftspark mit Bedeutung transformiert.

Durch die Sandsteinsäule wird der kleine Hügel im Wald zu einem Ort mit Geschichte. Finlay knüpft mit dieser Arbeit auch an die klassische Periode des englischen Landschaftsgartens an, in dem Parkarchitekturen als Bedeutungsträger mit einem geistesgeschichtlichen Hintergrund aufgeladen wurden.

Doch wer wollte heute noch unbedarft Park-Tempel bauen? Mit der Finlay'schen Säule haben wir ein Relikt, das einen solchen Bau zitiert und damit den Ort adelt. War hier einst ein Tempel? Die liegende Säule lässt diese Assoziation zu. Und tatsächlich, um die Jahrhundertwende stand hier der kleine hölzerne Aussichtstempel eines Frankfurter Verschönerungsvereins. Dieser sollte nicht nur eine schöne Aussicht auf die Stadt präsentieren, sondern auch an einen möglichen Aufenthalt Goethes erinnern. Denn die Goetheruh ist auch ein Ort der Goetherezeption des späten 19. Jahrhunderts. Die Enthusiasmierten folgten den Spuren des Genies und schufen an markanten Stellen Orte der Andacht und Verehrung.

Goethe wird von Finlay in der Säulengravur leicht verändert zitiert: „Arkadien: Ein Königreich in Spartas Nachbarschaft".
Das Zitat aus Goethes Faust (II. Teil, 3. Akt):
„Nicht feste Burg soll dich umschreiben!
Noch ziert in ewiger Jugendkraft
Für uns zu wonnevollem Bleiben,
Arkadien in Spartas Nachbarschaft."
wird durch die Ergänzungen Finlays zur lexikalischen Gewissheit, die, die ob ihrer in Stein gemeißelten Aussage nachhaltig irritiert.

Die Nähe von Arkadien und Sparta an diesem Ort ist historisch belegt, wenngleich auch zeitlich versetzt. Verläuft hier doch der alte Landwehrgraben, der bis ins späte Mittelalter den Zugang von außen in die Stadt kanalisierte und damit für das kriegerische Sparta stehen mag. Die ab dem 19. Jahrhundert aufkommende Beschaulichkeit des Ortes, an dem Goethe sich (möglicherweise) ausruhte, um einen distanzierten Blick zurück auf die Stadt zu werfen, lässt arkadische Bezüge erscheinen. Ähnlich wie die alten Wallanlagen waren es letztendlich oft alte Militärbastionen, die, nachdem deren Funktion wehrtechnisch wirkungslos geworden war, arkadische Orte im Treiben der Stadt wurden.

Eine Besonderheit der Arbeiten von Finlay ist ihr bescheidenes, zurückgenommenes Auftreten vor Ort. Sie wirken, als seien sie schon immer da. Diese scheinbare Unauffälligkeit vermittelt eine zeitlose Kraft der Worte, die, in Stein gemeißelt, zu handfester Poesie werden. Und so kann aus einer beliebigen Landschaft eine arkadische Landschaft entstehen.

Hier dachte einst Goethe an Arkadien.
Säule von Ian Hamilton Finlay

Helmut Fischer
Nauheimer Klanginstallationen

Die Musikgemeinde Nauheim ist Sitz zahlreicher bekannter Betriebe der Musikinstrumentenfertigung und ein begehrter Wohnstandort mit einem guten wirtschaftlichen, sozialen und kulturellen Angebot.

Was lag da näher, als im Zuge der neuen Regionalparkroute das Thema Musik und Klang in freier Natur aufzugreifen. Dem Betrachter und Hörer eröffnen sich durch die aufgestellten Klanginstrumente eine Fülle von Eindrücken und Erlebnissen. Steine und Hölzer sind nicht stumm. Jeder Stein hat seinen Ton. Dichte, Härte und Homogenität zeigen sich beim Anklopfen. Ebenso können auch Hölzer wunderbar klingen. Durch die Art des Anschlagens entstehen warme Klänge, die zu Melodien und Rhythmen werden können. Der Wanderer kann einem Lithophon Töne entlocken. Weiterhin steht ihm eine Klangsäule zur Verfügung. Der große Summstein vermittelt ein faszinierendes Hör- und Fühlerlebnis. Das hölzerne Dendrophon (ein übergroßes Xylophon) bietet durch Änderung der Länge der Klangkörper viele Variationsmöglichkeiten. Am großen Gong lernt er eine Fülle von Grund- und Obertönen kennen.

Der Regionalparkweg in Nauheim bildet eine Einheit mit seiner Umgebung. Umrahmt werden die Klanginstrumente von einer Exotenallee und einem Kräutergarten nach historischer Anleitung. Im Jahre 2001 wird eine Freizeitgartenanlage mit einer zusätzlichen Spiel- und Bewegungsfläche errichtet. Als Reminiszenz an die Gemarkungsbezeichnung „Sauunter im Blech" lädt eine Skulptur mit kleinen Schweinen auf einem Blech zum Bestaunen ein.

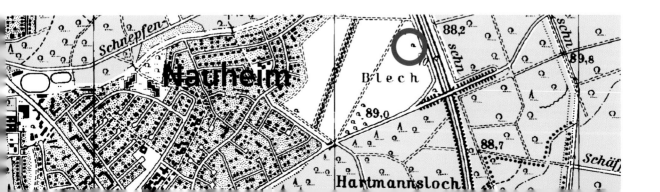

Summstein: Richter Spielgeräte GmbH
Landschaftsarchitekt: Michael Palm, Weinheim

Horst Faeser
Allee für El Lissitzky in Schwalbach a. Ts.

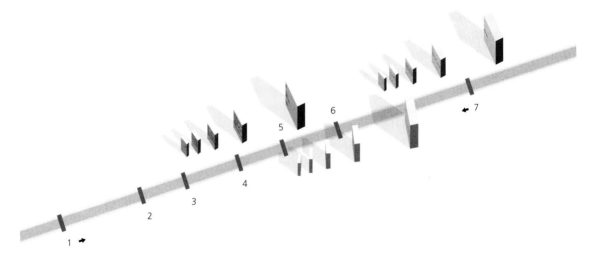

Im Süden von Schwalbach, nach Sulzbach übergehend, erstreckt sich eine aus Acker und Grünland bestehende Freifläche, das so genannte Wickenfeld. Durch die etwas erhöhte Lage ist hier eine gute Aussicht sowohl in die Mainebene als auch in den Taunus möglich. Dieser Standort bietet sich an, der durchquerenden Regionalparkroute eine künstlerische Aufwertung zu verleihen. Auf der Fläche, die an das Gelände der Firma Procter & Gamble angrenzt, soll eine besondere Allee entstehen, ein Projekt des Darmstädter Künstlers Gerhard Schweizer, die „Allee für El Lissitzky".

Seine Idee ist, die menschliche Wahrnehmung im Raum, die nach den Gesetzen der Perspektive erfolgt, durch Kunstgriffe so zu verändern, dass Objekte und Distanzen größer oder kleiner erscheinen, als sie in Wirklichkeit sind.

Entlang des geschwungenen Wegs werden in drei Abschnitten jeweils fünf Betontafeln zwischen drei und fünfeinhalb Meter Höhe aufgestellt. Ihre Abstände untereinander richten sich nach einem perspektivischen Proporz so, dass von einem bestimmten Punkt in der Mitte der Allee aus gesehen die Vorderseiten der Tafeln sich zu einer geschlossenen Wand formieren, wobei die einzelnen Tafeln jeweils gleich hoch und gleich breit wirken. Durch die Bewegung des Betrachters auf der Allee wird als erstarrtes Momentbild ein Text lesbar. Es ist das Zitat von El Lissitzky: „Jede Form ist das erstarrte Momentbild eines Prozesses. Also ist das Werk Haltestelle des Werdens und nicht erstarrtes Ziel." Wird die Allee entgegen der Leserichtung begangen, bewirkt die Perspektive eine Verlagerung der Fluchtpunkte nach unten, und auf den Rückseiten der Tafeln erscheinen die Buchstaben in Spiegelschrift, so dass der Besucher den Sinn zu enträtseln sucht.

Die Installation des Kunstwerks von Schweizer ist durch eine großzügige Spende des Unternehmens Procter & Gamble möglich geworden.

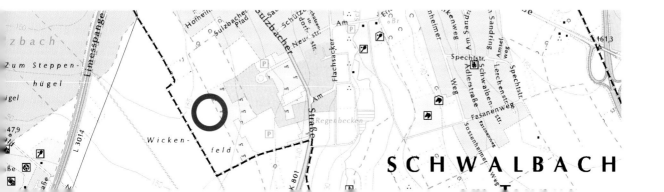

Das Werk ist Haltestelle des Werdens
Künstler: Gerhard Schweizer, Darmstadt

Hans-Georg Wagner
Kronenhof in Bad Homburg v. d. H.

Der Kronenhof ist ein moderner Bauernhof im Schnittpunkt der Städte Bad Homburg, Oberursel und Frankfurt am Main. Er ist Startpunkt für die Regionalparkroute, die in den kommenden Jahren in den Freiflächen zwischen Bad Homburg und Oberursel entstehen soll. Er hat nichts mit dem Nachbau einer vermeintlichen landwirtschaftlichen Idylle des 19. Jahrhunderts zu tun. Der Kronenhof ist der gelungene Versuch, betriebswirtschaftlich erfolgreich landwirtschaftlich zu arbeiten, indem konsequent die Bedürfnisse des Marktes vor seiner Haustür bedient werden. Der Kronenhof macht dies zudem auf eine Art und Weise, wie sie modernsten Erkenntnissen über nachhaltiges Wirtschaften entspricht.

Der im Juni 2000 eröffnete Hof bietet großzügige Einstellmöglichkeiten für Pferde. Die Stallanlagen sind weitläufig eingerichtet und nach den neuesten Erkenntnissen konzipiert. Die diversen pferdesportlichen Einrichtungen wie eine große Reithalle, vier große Sandpaddocks, Springplatz und Dressurplatz sind in das Hofgelände integriert und daher selbstverständlicher Teil des auf Pferdesport spezialisierten Hofs.

An dem Anblick können sich unter anderem die Besucher des Brauhauses „Graf Zeppelin" erfreuen. In der Hausbrauerei wird ausschließlich selbst angebaute Gerste aus den umliegenden Feldern der Familie Wagner verwandt. Erlebnis wird beim Besuch dieses Restaurants daher groß geschrieben, da man beim Aufenthalt im Biergarten sowohl dem Bierbrauen als auch dem Betrieb auf dem Pferdehof zuschauen kann. Abgerundet wird das Angebot für die Besucher durch einen Regio-Markt, der eine breite Palette von landwirtschaftlichen Produkten der Bauern des Hochtaunuskreises und angrenzender Regionen frisch für die Besucher bereit hält.

Strom und Wärme im Grundlastbereich werden mit dem hofeigenen Blockheizkraftwerk erzeugt, wobei Rapsöl und Biogas (aus der Vergärung von Pferdemist, Biertreber und organischen Abfällen) die Energieträger sind.
Verschiedenste Räume können im Brauhaus für Familienfeiern und Firmenveranstaltungen (von 10 bis 150 Personen) gemietet werden.

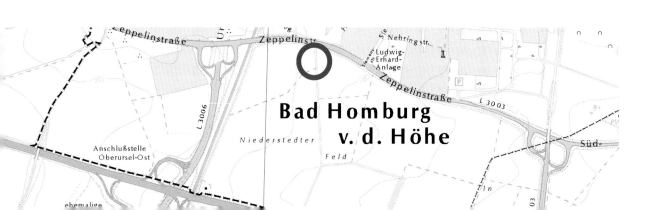

Eigene Hausbrauerei

Gerhard Maurer
Lernbauernhof in Bad Homburg v. d. H.

Durch die zunehmende Entfremdung des Menschen von Natur und Landwirtschaft wird der Jahresablauf und damit in Verbindung stehende landwirtschaftliche Zusammenhänge nicht mehr erlebt und wahrgenommen. Dies trifft insbesondere für Kinder, Jugendliche und Erwachsene im städtischen Umfeld zu.

Vorstellungen über die Bestandteile der alltäglichen Nahrung werden über Werbeaussagen stärker als durch Erfahrungen gewonnen. Oft wird Getreide nur noch als Vogelfutter gesehen; Wurst, Milch und Joghurt haben mit Nutztieren nichts mehr zu tun.

Landwirtschaft ist der Wirtschaftsbereich, der durch die Nutzung der natürlichen Grundlagen (Boden/Wasser/Luft) seine Produktion betreibt. Diese natürlichen Ressourcen werden durch die umweltgerechte Landbewirtschaftung geschont, wodurch ein aktiver Beitrag zum Umweltschutz erbracht wird.

Die Besucher des Lernbauernhofs können durch Beobachtung und Selbsttätigkeit die Zusammenhänge zwischen landwirtschaftlicher Produktion, Verarbeitung und Vermarktung anschaulich erleben. Durch sinnliche Wahrnehmung von Tieren und Pflanzen werden die Kreisläufe der Natur verständlich gemacht und das Verantwortungsbewusstsein gegenüber der Natur wird gestärkt.

Der Lernort Bauernhof ist für Kinder, Jugendliche und Erwachsene geeignet. Als potenzielle Zielgruppen kommen in Betracht:
– Kindergartengruppen,
– Schulklassen – Grundschule (Klasse 1 bis 4),
– Schulklassen – Sekundarstufe I und II.

Für Einzelbesucher steht der Lernbauernhof als Lern- und Erlebnisstätte ebenfalls zur Verfugung. Hier können die Besucher sich bei einem Rundgang mit Hilfe von Schautafeln und einer Informationsbroschüre über landwirtschaftliche Zusammenhänge sachkundig machen. Besuchstermine können mit der Familie Maurer vereinbart werden.

Erlebnisse im Regionalpark

Reiner Flick
Straßenmühle in Flörsheim a. M.

„So am grünen, so am bunten kräftigt sich ein reiner Sinn." Goethe hat es schon gewusst: Weinherstellung ist eine Kunst, die ohne die Natur nicht wäre. Nur wenige Kilometer von der pulsierenden Metropole Frankfurt, inmitten des Regionalparks, beginnt eine über zweitausendjährige Geschichte des Weins an Main und Rhein.

Hier trifft man auf die Straßenmühle. Einem Wein zu begegnen ist somit ein zeitloses und genüssliches Vergnügen. Man kann dieses Vergnügen in der Straßenmühle auf vielfältige Art und Weise erleben. Anlässe gibt es genug. Man kann den Wein des Weinguts in der Straßenmühle fernab vom Alltag kosten, aber mitten im Leben. In der Straßenmühle kann man Wein mit Muße erleben, in Ruhe probieren oder die Veranstaltungsorganisation in der alten Scheune nutzen, einmal musisch, einmal literarisch, ganz wie man will.

Im Weinladen gibt es das reichhaltige Angebot aller Weine des Weinguts und jede Menge Ideen für Präsente und Geschenke. Das Weingut ist Mitglied im Verband der Prädikatsweingüter Deutschlands (VDP) und wird in namhaften Weinführern genannt.

Weil Qualität schon im Weinberg entsteht, setzt die Straßenmühle auf einen umweltschonenden Weinbau und versucht, all das zu realisieren, was mit der Natur, dem Boden, mit traditionellem und modernem Wissen sowie sorgfältiger Handarbeit möglich ist, damit Weine und die Straßenmühle ein Erlebnis für die Sinne sind und bleiben. Denn: Kultur ist wie der Mensch lebt; und im Rheingau lebt er gut.

Direktvermarktung

Wolfgang Knoll
Naturschutzhaus Weilbacher Kiesgruben in Flörsheim a. M.

Das Naturschutzhaus Weilbacher Kiesgruben mit Naturlehrgebiet und naturnaher Gartenanlage liegt inmitten einer Kiesgrubenlandschaft. Seit der Eröffnung im Jahr 1991 hat es sich zu einem leistungsfähigen Umweltzentrum im Rhein-Main-Gebiet entwickelt. Der Träger dieser Einrichtung ist die Gesellschaft zur Rekultivierung der Kiesgrubenlandschaft Weilbach mbH (GRKW).

Handlungsorientiertes Lernen zu ökologischen Themen sowie das direkte Naturerlebnis wird hier für alle Altersgruppen in Form von Führungen, Fortbildungen, Seminaren, Vorträgen, Exkursionen angeboten. Schwerpunkte der Einrichtung sind umweltpädagogische Angebote für Schulklassen und Kindergruppen sowie Fortbildungen für Lehrkräfte, Erzieherinnen und Erzieher. Die Unterrichtsgänge und Exkursionen finden in den verschiedenen Lebensräumen der Weilbacher Kiesgruben statt wie zum Beispiel der ehemaligen Kiesgrube in Wiesen- und Heckenbereichen sowie naturnaher Gartenanlage.

Das Naturschutzhaus mit zwei Seminarräumen, einem Labor, einem Gewächshaus, einem Naturerlebnis- und Ausstellungsraum sowie einer Umweltbibliothek bietet gute Voraussetzungen für ein vielfältiges Bildungsangebot. Ein jährlich erscheinendes Veranstaltungsprogramm mit aktuellen Lernangeboten für Schulklassen und Kindergruppen, Ferienspielen, Familienangeboten sowie Fortbildungen kann angefordert werden.

Für Besucherinnen und Besucher sowie Multiplikatorinnen und Multiplikatoren besteht die Möglichkeit, sich Anregungen in der umfangreichen Umweltbibliothek oder bei den Mitarbeiterinnen und Mitarbeitern des Naturschutzhauses zu holen oder an einer der zahlreichen Fortbildungen teilzunehmen. Praxisorientierte didaktische Materialienkisten zu diversen Natur- und Umweltthemen werden ausgeliehen.

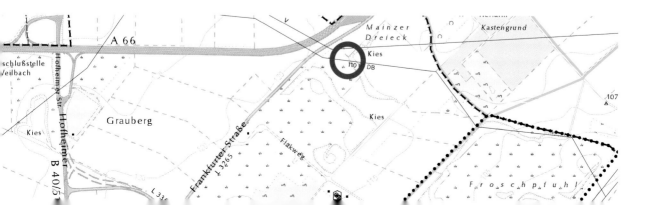

Architekten: Wieland Liemann, Wiesbaden
Thomas Wissler, Rüsselsheim

Reinhard A. Wolters
Die Rekonstruktion der historischen Prinzengärten in Bad Homburg v. d. H.

Louis-, Ferdinands-, Gustavs- und Philippsgarten sind in die Bad Homburger Geschichte als „Prinzengärten" eingegangen. Zusammen mit dem Englischen Garten, dem Kleinen und dem Großen Tannenwald, dem Forstgarten und dem Hirschgarten bildeten sie ein Gesamtkunstwerk vom Homburger Schloss bis hinein in den Taunus, das in den kommenden zehn Jahren als „Landgräfliche Gartenlandschaft Bad Homburg" seine ursprüngliche Bedeutung zurückerhalten soll.

Die einzelnen Gärten reihen sich entlang der Tannenwaldallee wie Perlen an einer Schnur auf. Als wichtiger Bestandteil des Regionalparks RheinMain werden diese Kleinodien im mehreren Bauabschnitten für die nachfolgenden Generationen erhalten und wieder erlebbar gemacht. Die Allee als Perlenschnur wird nach historischem Vorbild mit Säulenpappeln neu bepflanzt. Dieser Baum gilt, wie die Zypresse in Italien, als Symbol für Arkadien, jenem Mythos des römischen Dichters Vergil vom seligen Landleben, der im englischen Landschaftsgartenstil gemeinsam mit der Philosophie Rousseaus von der Rückbesinnung auf die Natur eine Wiederauferstehung feierte. In diesem Sinne verstanden auch die Homburger Landgrafen ihre Gartenlandschaft als Gartenkunstwerk der Aufklärung.

Die Wiedererweckung dieses einzigartigen kulturhistorischen Juwels verlangt nach einer sensiblen Vorgehensweise, die sich im Spannungsfeld von Dokumentation, Entwicklung und Rekonstruktion bewegt. Nach dem ersten Schritt, dem Bewahren des historischen Erbes, ist es das erklärte Ziel, das Gesamtkunstwerk um einen Garten unserer Generation zu bereichern. Unter der Prämisse der Nachhaltigkeit sollen sich Sicherung und Entwicklung der Gartenlandschaft ergänzen, um neu wahrgenommen und geschätzt zu werden.

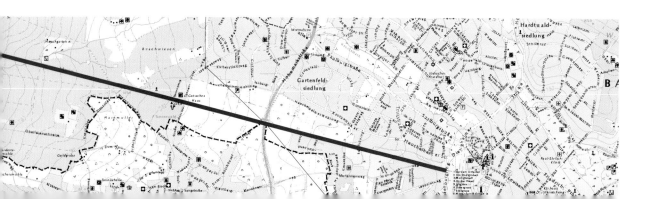

Traumbilder vom schönen Leben auf dem Lande

Stefan Gieltowski
Erschließung des Mainvorlandes bei Opel in Rüsselsheim

Visionen für den Regionalpark

Main bei Rüsselsheim

Für die Stadt und für die Region könnte damit sehr viel mehr als nur ein Lückenschluss erreicht werden. Ein bedeutendes und im Bild der Region allzu wenig wahrgenommenes Potenzial für die Identität und für die zukünftige Entwicklung könnte erschlossen werden: die Zeugen der Industriegeschichte, die sich mit dem Namen der Firma Opel verbinden. Die Regionalparkroute am Main in Rüsselsheim könnte ein wichtiger Abschnitt einer zukünftigen Route der Industriekultur RheinMain werden mit dem Museum in der Rüsselsheimer Festung und seiner Abteilung für Industriegeschichte, mit den Opelvillen und dem Palais Verna, mit dem Stadtpark und dem Opelwerk selbst mit seiner Industriearchitektur und vor allem mit dem architektonisch bedeutenden alten Opelkraftwerk.

Einer Region, die sich nach ihren Flüssen Rhein-Main nennt, steht es gut an, für die Menschen diese Flusslandschaft auch erlebbar zu machen. Der Ausbau der Mainuferwege steht deshalb seit vielen Jahren auf dem Programm. Über weite Strecken ist dieser Ausbau gelungen. Die Uferwege sind zu den am stärksten frequentierten Ausflugsrouten geworden.

Trotz aller Bemühungen sind in wichtigen Abschnitten einzelne Lücken geblieben. Mit dem Regionalparkprojekt ist das Interesse und die Einsicht in die Bedeutung großräumiger Zusammenhänge in der Erholungslandschaft geweckt. Der Fluss ist das zentrale verbindende Element im Netz des Regionalparks. Es könnte deshalb im Rahmen dieses Projekts gelingen, was bisher nicht gelungen ist: die Öffnung des Uferwegs am Opelwerk und damit die durchgängige Verbindung auf der Südseite des Mains von Raunheim bis zur Mündung in den Rhein und weiter am Rhein entlang.

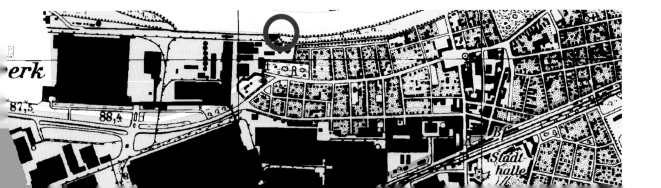

Opel-Kraftwerk Rüsselsheim, ein Element der
geplanten Route der Industriekultur entlang
des Mains

Anhang

GRKW
Gesellschaft zur Rekultivierung
der Kiesgrubenlandschaft
Weilbach mbH
Naturschutzhaus
Frankfurter Str. 74
65439 Flörsheim-Weilbach
Tel.: 06145/936360
Fax: 06145/936369
E-Mail: naturschutzhaus@gmx.de

GrünGürtel Frankfurt
Magistrat der Stadt
Frankfurt am Main
Umweltamt
Klaus Hoppe
Galvanistr. 28
60486 Frankfurt am Main
Tel.: 069/212-39145
Fax: 069/212-39106
E-Mail: klaus.hoppe.amt79@stadt-frankfurt.de

Kronenhof
Hofgut Kronenhof
Zeppelinstraße 10
61352 Bad Homburg v. d. H.

Brauhaus „Graf Zeppelin"
Tel.: 06172/288662
Fax: 06172/288660
E-Mail: badhomburger-brauhaus@t-online.de

Regio-Markt
Tel.: 06172/288652
Fax: 06172/288650

Reitsportanlage
Tel.: 06172/288642

Lernbauernhof
Gerhard Maurer
Am Bienäcker 4
61352 Bad Homburg-Ober-Eschbach
Tel.: 06172/42208
Fax: 06172/42208

Die Preise
Für Schulklassen: 5 Mark pro Kind
Für Kindergärten: 3 Mark pro Kind
Für Erwachsenengruppen: 7 Mark pro Person
Für Begleitpersonen ist der Besuch kostenfrei.
Für die Nahrungsmittel, die im Rahmen eines
Besuchs verzehrt werden, wird ein geringer
Aufschlag erhoben.

Naturschutzhaus
Naturschutzhaus Weilbacher Kiesgruben
Frankfurter Str. 74, 65439 Flörsheim-Weilbach
Tel.: 06145/93636-0
E-Mail: naturschutzhaus@gmx.de

Öffnungszeiten:
Montag bis Donnerstag 9 bis 16 Uhr
Dienstags 9 bis 18 Uhr
Freitags 9 bis 12 Uhr
Wochenendöffnungszeiten bitte nachfragen.

Kosten
Der Eintritt ins Naturschutzhaus ist frei.
Kosten für Lernangebote und Fortbildungen
bitte erfragen.

Regionalpark Kronberg/Schwalbach GmbH
c/o Umlandverband Frankfurt
Am Hauptbahnhof 18
60329 Frankfurt am Main
Tel.: 069/2577-1350
Fax: 069/2577-1359
E-Mail: Thomas.Maertens@uvf.de

Regionalpark RheinMain GmbH
Grabenstraße 1 a
65439 Flörsheim am Main
Tel.: 06145/941184
Fax: 06145/941028
E-Mail: regional-park-pilotprojekt@t-online.de

Regionalpark SÜDWEST GmbH
c/o Stadt Rüsselsheim
Am Marktplatz 4
65428 Rüsselsheim
Tel.: 06142/832180
Fax: 06142/832190

Straßenmühle
Reiner Flick
65439 Flörsheim-Wicker
Tel.: 06145/7686
Fax: 06145/54393
E-Mail: Flick.Weingut@t-online.de

Umlandverband Frankfurt*
Am Hauptbahnhof 18
60329 Frankfurt am Main
Tel.: 069/2577-0
Fax: 069/2577-1204
E-Mail: info@uvf.de

*ab 01.04.2001 Planungsverband Region
Frankfurt RheinMain

Abeln, Bernd
Staatssekretär im Hessischen Ministerium der Finanzen,
bis 26.09.2000 Bürgermeister der Stadt Dreieich und stellv. Aufsichtsratsvorsitzender der Regionalpark SÜDWEST GmbH

Bender, Dr. Wilhelm
Vorstandsvorsitzender der Flughafen/Frankfurt Main AG

Blume, Friedhelm
Prokurist der Regionalpark RheinMain GmbH

Brehl, Bernhard
Bürgermeister der Stadt Mörfelden-Walldorf

Bornemann, Heino
Ministerialrat im Hessischen Ministerium für Umwelt, Landwirtschaft und Forsten in Wiesbaden

Dehler, Klaus D.
Erster Stadtrat der Stadt Königstein im Taunus

Faust, Alfons
Verbandsdirektor des Umlandverbandes Frankfurt am Main

Faeser, Horst
Bürgermeister der Stadt Schwalbach a. Ts. und stellv. Aufsichtsratsvorsitzender der Regionalpark Kronberg/Schwalbach GmbH

Fischer, Helmut
Bürgermeister der Gemeinde Nauheim

Flagge, Prof. Dr. Ingeborg
Direktorin des Deutschen Architektur Museums Frankfurt am Main

Flick, Reiner
Inhaber der Straßenmühle

Franssen, Hans
Bürgermeister der Stadt Hattersheim am Main

Gieltowski, Stefan
Oberbürgermeister der Stadt Rüsselsheim am Main

Heckelmann, Dr. Karl-Heinz
Amt für Regionalentwicklung, Landwirtschaftspflege und Landwirtschaft in Usingen

Heyer, Jürgen
Bürgermeister der Stadt Dietzenbach

Hinrichs, Eva-Maria
Umweltamt der Stadt Frankfurt und Mitglied der Projektgruppe GrünGürtel

Hoppe, Klaus
Umweltamt der Stadt Frankfurt am Main

Knoll, Wolfgang
Geschäftsführer der Kiesgruben in Weilbach mbH (GRKW), Kreisbeigeordneter a. D.

Layer, Ernst Peter
Erster Stadtrat der Stadt Rüsselsheim am Main

Maurer, Gerhard
Landwirt, Betreiber des Lernbauernhofs

Maertens, Thomas
Abteilungsleiter der Abteilung Regionalpark und Freizeitangelegenheiten des Umlandverbandes Frankfurt am Main und Geschäftsführer der Regionalpark Schwalbach/Kronberg GmbH

Quilling, Dirk-Oliver
Bürgermeister der Stadt Neu-Isenburg und stellv. Aufsichtsratsvorsitzender der Regionalpark SÜDWEST GmbH

Rautenberg, Dr. Thomas
Erster Beigeordneter des Umlandverbandes Frankfurt am Main und Aufsichtsratsvorsitzender der Regionalpark RheinMain GmbH,
Regionalpark SÜDWEST GmbH,
Regionalpark Kronberg/Schwalbach GmbH

Rautenstrauch, Dr. Lorenz
Hauptabteilungsleiter Planung im Umlandverband Frankfurt am Main und Geschäftsführer der Regionalpark RheinMain GmbH und Regionalpark SÜDWEST GmbH

Schindler, Harald
Bürgermeister der Stadt Hochheim am Main

Schröder, Kirsten
Referentin in der Abteilung Landschaftsplanung des Umlandverbandes Frankfurt am Main

Vandreike, Achim
Bürgermeister der Stadt Frankfurt am Main und stellv. Aufsichtsratsvorsitzender der Regionalpark SÜDWEST GmbH

Wagner, Hans-Georg
Inhaber des Kronenhofs und Vorsitzender des Kreisbauernverbandes des Hochtaunuskreises

Wildhirt, Stephan
Bürgermeister der Stadt Offenbach am Main

Wolf, Dieter
Stellv. Aufsichtsratsvorsitzender der Regionalpark RheinMain GmbH, bis 31.12.2000 langjähriger Bürgermeister der Stadt Flörsheim

Wolters, Reinhard A.
Oberbürgermeister der Stadt Bad Homburg v. d. H.

Die Entwurfsverfasser und Künstler

Stangenpyramide in Dreieich:
Ipach und Dreisbusch, Neu-Isenburg

Nest in Hochheim a. M.:
Karle und Buxbaum, Darmstadt

Sitzkastanien in Königstein i. Ts.:
Monika Aigner, UVF
Holzbildhauer: Peter Meier, Frankfurt a. M.

Sitzspirale in Königstein i. Ts.:
Monika Aigner, UVF

Flörsheimer Warte:
Franz-Josef Hamm, Limburg;
Bildhauer: Gernot Rumpf, Neustadt/Weinstraße

Aussichtsplattform und Luftbrückendenkmal am
Flughafen Frankfurt Rhein-Main:
Bierbaum und Partner, Mainz;
planquadrat, Elfers, Geskes, Krämer, Darmstadt

Turm für den Wingertsberg in Dietzenbach:
Wolfgang Rang, Frankfurt a. M.

Am Pfortenborn in Hochheim a. M.:
Günter Rademacher, Bad Soden a. Ts.

Rosarium in Hattersheim a. M.:
Hanke, Kappes, Heide, Sulzbach a. Ts.

Nussbaumquartier in Hattersheim a. M.:
Hanke, Kappes, Heide, Sulzbach a. Ts.

Geschichtspfad in Dietzenbach:
Beuerlein und Baumgartner, Frankfurt a. M.

„Vom Sainer zur Horlache" in Rüsselsheim:
Netzwerk Grün, Ralph Knöß, Rüsselsheim

Schwanheimer Düne in Frankfurt a. M.:
Stadtverwaltung Frankfurt, Projektgruppe GrünGürtel

Weilbacher Kiesgruben in Flörsheim a. M.:
Emmerich und Partner, Bad Soden a. Ts.

Fischtreppe in Hattersheim a. M.:
Hanke, Kappes, Heide, Sulzbach a. Ts.

Steg und Feuchtwiese an der Wiesenmühle
in Flörsheim a. M.:
Günter Rademacher, Bad Soden a. Ts.

Naherholungsgebiet Mörfelden-Ost, Amphibienteich:
Netzwerk Grün, Ralph Knöß, Rüsselsheim

Steg am Staudenweiher in Kelsterbach:
Wolfgang Rang, Frankfurt a. M.

Kalkbrennöfen in Flörsheim a. M.:
Planergruppe Hytrek, Thomas, Weyell und Weyell,
Flörsheim a. M.

Farbrührer der Firma Hoechst in Hattersheim a. M.:
Geschäftsstelle der Regionalpark RheinMain GmbH,
Flörsheim a. M.

Die Sachsenhäuser Landwehr:
Stadtverwaltung Frankfurt,
Projektgruppe GrünGürtel;

Die Kasteler Landwehr:
Günter Rademacher, Bad Soden a. Ts.

Anna-Kapelle in Flörsheim a. M.:
Rademacher und Partner, Bad Soden a. Ts.

Bansamühle in Neu-Isenburg:
Stadtplanungsamt Neu-Isenburg

Bildhauersymposium – Steine am Panoramaweg in
Flörshein a. M.:
Ingrid Hornef, Hofheim a. M.;
Gerard Höweler, Amsterdam;
Georg Hüter, Aschaffenburg;
Thomas Link, Issing;
Hubert Maier, Moosach

Allee für El Lissitzky in Schwalbach a. Ts.:
Gerhard Schweizer, Darmstadt
Digitale Bildbearbeitung:
Alexander Stukowski, Darmstadt
Statik: Mann + Bernhardt Ingenieurgesellschaft,
Darmstadt

Der Rabe in Hattersheim a. M.:
Thomas Reinelt, Flörsheim a. M.

Finlay-Säule an der Goetheruh in Frankfurt a. M.:
Ian Hamilton Finlay, Stoney Path, Little Sparta,
Gunsyre, Great Britain,
Lanade Scotland, Raspberry Republic

Nahtstelle Müll – Fenster zur Deponie
in Hochheim a. M.:
Romana Menze-Kuhn, Eschborn

Nauheimer Klanginstallationen:
Michael Palm, Weinheim

Die Rekonstruktion der historischen Prinzengärten in
Bad Homburg v. d. Höhe:
Bittkau, Bartfelder, Hildmann, Wiesbaden;
Stella Junker-Mielke, Berlin / Worms

Fotonachweis

Mathias Neubauer
Studio für grafische Gestaltung,
digitale Bildbearbeitung & Photographie
Schachenweg 1, 63500 Seligenstadt
Titelbild, S. 13 (2); S. 21 (2); S. 24; S. 25; S. 31 (2);
S. 33 (4); S. 45 (3); S. 57; S. 58; S. 59; S.63 (3);
S. 66; S. 67 (2); S. 69; S. 71; S. 73; S. 75; S. 77 (2);
S. 79; S. 81;S. 83; S. 85; S. 87; S. 89; S. 91; S. 93;
S. 95; S. 97 (2); S. 99; S. 101;S. 104; S. 105; S. 107
(2); S. 109 (2); S. 114; S. 115; S. 116; S. 117 (4);
S. 118; S. 119; S. 121; S. 124; S. 125;

Peter Kanneberger
Stechertweg 18
79104 Freiburg
S. 102, S. 103 (2)

Wolfgang Christ
Mediastadt,
Taunusstr. 35
60329 Frankfurt am Main
S.11; S. 21

Verlag Waldemar Kramer, Frankfurt am Main
Erlaubnis zur Reproduktion
S. 21: Adolf Hoeffele: Kronberg vor dem Hintergrund
der Mainebene

Regionalpark RheinMain GmbH
Grabenstr. 1a
65439 Flörsheim
Thomas Kraus
S. 45; S. 53 (1); S. 70; S. 71; S. 121
Friedhelm Blume
S. 53 (3)

Stadtplanungsamt der Stadt Frankfurt am Main
Petar Kostakev
S. 37

Gemeinde Nauheim
Weingartenstr. 46 - 50
64569 Nauheim
Thomas Arnold
S. 111

Bildarchiv der Stadt Bad Homburg v. d. Höhe
S. 124; S. 125;

Umlandverband Frankfurt
Christa Szymanski
Am Hauptbahnhof 18
60322 Frankfurt am Main
S. 38; S. 39 (2);

Bildarchiv des Umlandverbandes Frankfurt
S. 9; S. 23; S. 65;

Kartennachweise

Mapdigital Gerhard Malik
Raiffeisenstr. 11c
61267 Neu-Anspach
S. 50/51 Freizeitkarte Regionalpark RheinMain;
Das Pilotprojekt; Hattersheim-Flörsheim-Hochheim

Digitale Kartendaten des Umlandverbandes Frankfurt
S. 27; S. 28 (2); S. 41
Orientierungskarten – Bearbeitung Andrea Lins
S. 58; S. 60; S. 62; S. 64; S. 66; S. 68; S. /0; S. 72; S.
74; S. 80; S. 82; S. 84; S. 86; S. 88; S. 90; S. 92; S.
94; S. 96; S. 98; S. 100; S. 102; S. 104; S. 106; S.
108; S. 110; S. 112; S. 114; S. 116; S. 118; S. 120; S.
122; S. 124